保育の心もち2.0

～新たな窓をひらく～

秋田 喜代美 著

亀ヶ谷 忠宏 写真

ひかりのくに

はじめに

　新型コロナ禍において、世界的に社会は大きく変化している。エッセンシャルワーカーとして、保育者の社会的貢献は極めて大きい。だが衛生面での業務負担や保護者等との関係形成もより困難になり、保育者への過重負担と多忙化には一層の拍車がかかっている。しかしそのような困苦の時においても、休園中の様々な工夫やオンライン研修を始め、保育の可能性を拓くために、園では新たな挑戦が動き始めている。2020,2021年はその意味で激動の中で新たな局面を迎えていると感じている。その中で、大学でコロナ対策の陣頭指揮を執っていた私自身も、22年間勤めた東京大学を定年前ではあったが2021年春に移籍をした。非力ながらも子どもたちの傍へ、園や学校を応援・支援できる仕事に、人生で残された限られた時間をより一層注ぎたいという思いからである。私個人の人生も新たな一歩を心新たに進み始めた。そうした新たな頁が始まったという思いから、本著のタイトルは「保育の心もち 2.0」とさせていただいた。この中の第Ⅰ部に収録されている文はコロナ前からそしてwith コロナの生活を強いられている2021年初夏まで日本教育新聞に掲載された記事が、第Ⅱ部はまさにコロナ禍で書いた文章が所収されている。

　倉橋惣三の「子どもの心もち」の言葉から着想を得て「保育の心もち」という言葉を考え、それを使い始めてから早13年となった。本として『保育の心もち』を刊行したのは2009年で

あるが、日本教育新聞にこのタイトルで連載を始めたのは、2009年3月2日付からである。最初に連載を始めたのは2000年4月14日付「子どもたちの世界」第1回からであり、21年間隔週執筆のマラソンを始めるようになった。お陰様で「保育の心もち」は多くの保育研究者や保育者も日常的にこの言葉を使用し、そのありようを考えてくださるようになった。一人の子どもの心もちを一人の保育者が汲むことの大切さと同時に、保育者同士が集い、心を交わし合う心もちも含めたいと願うから、第Ⅰ部タイトルを「子どもの心もち、保育の心もち、そして私たちの園の心もちへ」とした。地域に根ざし、保育者、保護者、関係者が参画して「私たちの園」と誇りに思う園づくりへとの願いが込められている。

　今回その私の気持ちに添う写真をと考え、㈻亀ヶ谷学園理事長の亀ヶ谷忠宏先生の写真を掲載させていただいている。先生の写真には保育者としての魂と、子どもへの温もりあるまなざしが映し出されていると感じている。それは、園の姿や関係性が見えるからである。数々の写真から文章に添うものをと編集部の北山文雄さんが選んでくださった。文に彩を与えてくださったことに心より感謝を申し上げたい。そして私が保育やそれに関係する場で学ばせてもらった数々のことを、保育者の皆さんお一人お一人への敬愛をもって捧げたい。

秋田 喜代美

I 子どもの心もち、保育の心もち、そして私たちの園の心もちへ …… 9

II 子どもたちに向けられた 希望の物語りへ

STAFF 装丁・本文レイアウト／宇都宮 美里
編集／北山 文雄

I

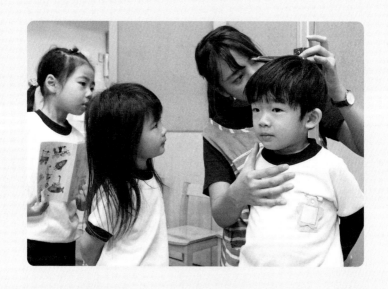

子どもの心もち、
保育の心もち、
そして私たちの園の心もちへ

「共創」を生む子どもと保育者

　幼児期の深い学びについて、仲間の先生方と一緒に、継続して考えさせていただいている。そこでは毎回、「子どものひらめきってすごい」と感じさせられる。

　ある園の5歳児クラスで、秋にお祭りをしようということになった。そこから一人の子が連想して、「花火もやりたい」とアイデアが出てきた。

　遊びを始めた子どもたちは、ラップの芯に球とゴムを付け、引っ張って飛ばそうとする。ゴムの種類を輪ゴムから平ゴムにすることで、よく飛ぶようになる。さらに「バーン」と飛ぶようにするため、きらきら光るテープや花火が開く様子を描いたものを球に付けるようになる。保育者は、自分の思う本物に少しでも近づけようとする子どもの探究を見守り、記録している。

　すると、別の子が黒い画用紙に花火の絵を描き、スパンコールを付けた花火を創り始める。平ゴムを引っ張る知恵を見て学び、今度は打ち上げ花火をしたいという。部屋の高い所からゴムを垂らして引っ張り、それを放すことで打ち上げ花火ができ上がる。

　輪ゴムや平ゴムの経験から打ち上げ花火への展開を受け止め、楽しみにする保育者。子どもたちは自分たちの経験を互いにつなぎ合うことで、大人が考えたこともない遊びを展開して

いく。そこには、これからの時代が求める創造性の育ちにつながる、深い学びがある。

　遊びの展開の中で生まれる深い学びを、保育者がどのように待ち、見守り、付き合うのか。面白がって子どもと共に探究し、学べる保育者から、「想像性」と「創造性」のある遊びは生まれる。

　「子どもから学ぶ」は「言うは易く、行うは難し」。しかし、その学びの先に、子どもたちは輝く姿を見せてくれると確信できた事例だった。

園文化継承の年輪構造

　30年近く研修に通っている園に伺うと、退職された保育者が複数人、子育てをしながら園に復帰している姿に出会う。未就園児担当をしたり、フリー保育者として保育や事務をサポートしたりするなど、短時間勤務という形で継続して園を支えている。

　どの方も、一定期間保育者として勤務した後に退職したので、その園が大事にしている価値が分かる。わが子を他園に通わせる保護者でもあるので、その経験から勤務する園の良さや大切な点を客観的に語れるようになっている。

　その方たちは見通しを持っているので、クラス担任などの若手保育者が困っていれば、すぐに援助の動きができる。こうした後方支援が、園文化継承に大事なことと感じる。園文化継承には園長の理念とともに、黒子となる保育者の働きなど、何層もの後方からの支えが必要である。

　行事で子どもたちが作り、使ったものが、次の遊びの環境としてもつながる。5歳児や4歳児がそうした環境構成をしているのを3歳児も見て、その年齢になった時に再現している。子どもは「園の子ども文化」の継承者である。

　また、その園では、餅つきのような保護者参加の行事が毎年幾つかあり、それを心待ちにして協力する保護者たちがいる。それが代々受け継がれ、保護者にも行事運営のノウハウが伝承

されている。

　園長、保育者、子ども、保護者それぞれが園の営みや文化を長い目で大事にする緩やかな関係が、園風土を形成する。そして、地域の中の園として年輪を刻んでいく。退職する人が「またあの園で働きたい」、園児が大人になって「わが子もあの園に通わせたい」と思うサイクルが、文化を創る年輪構造を生む。園が地域子育ての大樹に育つことが求められている。

ドキュメンテーション考

　イタリアのレッジョ・エミリア市の幼児・児童教育研究機関「レッジョ・チルドレン」の方との、ドキュメンテーションに関する対話に参加させていただいた。心に残ったことは多いが、「子どもの心の中で生まれたことを記録する」「保育者の見方ではなく、子どもの見方が見える記録」という言葉が印象的だった。

　特別な権利を有する子どもたちを映し出した動画を実際のドキュメンテーションとして拝見しながら、子どもたちの心がどのように動いたかを私たちはどこまで捉え、記録できているかと、深く考えさせられた。一人ひとりの子どもの尊厳ある姿を記録するとは何なのかが重要である。

　保育者一人ひとりのその人らしい記録の在り方、そのためのツール（道具）の提供が大事という話があった。そこでも、ドキュメンテーションが生まれる保育者それぞれの心の動きを大事にした記録の在り方やその道具、保育者間や保護者、子どもとの対話を引き出していく記録とはどのようなものであるかを考えさせられた。

　登壇された日本の３園の保育者がそれぞれの視点で物語られたドキュメンテーションからは、多層的な時間を生きる子どもたちの姿を捉える在り方を学ばせていただいた。

　一瞬の出来事からつながる遊びや暮らしの営み、その子の育

ちの時間などが記録の中に表れる。感性や情動に訴える写真記録もあれば、文字でなければ書きとめられない見えない部分での変化を捉えた記録もある。記録を掲示して終わりではなく、そこから始まる保育者間や保護者、子どもとの対話の工夫にも、いろいろな在り方がある。

　対話の道具としてのドキュメンテーションを、さらにさまざまな園から学び、考えてみたくなる一日だった。

問うこと、応えること

「問いを持ち、学び続ける子」について考える機会を頂いた。その時、保育に関して考えたことが３点ある。

１点目は、幼児が「問う」ことの前提には、応えてくれる相手への信頼や安心感がある。２〜３歳児期を「なぜ、なぜ」の質問期と呼ぶこともある。大事なのは、疑問に対して「応える」こと。しかし、それは「答える」こととは必ずしも同じではない。

「どうやったら分かるかな」「誰かに訊いてみようか」「いつでもそうかな」と問い返したり、「本当に不思議だね」「面白いね」と共感したりするだけで、子どもの探究が進む場合も多い。その援助の在り方により、深い探究が進むかどうかが決まる。

答える方が良いこと、子どもたちや他者につないで任せることなど、次への一歩を示すことが、思慮深く応えることになるだろう。

２点目は、「なぜ」「どうして」という問いは、質問と捉えられやすい。しかし「どのように」という問いによって、子どもたちは細やかに物事を捉え、考えることができる。「なぜ」を「問うこと」として取り上げやすいが、子どもの気づきや観る丁寧さを育てる問いも大切にしたい。

３点目は、問いとして言語化されない子どもの行為の中にどんな問いが生まれ、行動しているのかを見取る保育者の視点が、子どもの心の問いに応じることにつながる。

活発な子どもの問いは、聞こえやすい。しかし、何をするのもゆっくりだったり、苦手だったりする子や低年齢の子の心の中に生まれる問いは、聴き取りにくい。だが、そこに、その子らしい問いから始まる行為がある。そうした子どもの表出する問い掛けにどのように応えるかが、保育者の専門性として問われているように思う。

できないことや失敗の価値

　ある園で、子どもたちが拍子木状の木材を並べて、園庭にできた段ボールの家に渡れる通路を作っていた。ほとんどの子は、すんなり渡ってその家の中に入っていく。

　その中で、一人だけ慎重な子がいた。敷かれた木材の間に、追加の木を入れようとしたりしている。よく見ると運動が苦手そうで、怖がって腰が引けていた。

　木の間隔の開き具合を見て、狭そうな所を渡ろうとしたり、広い所には追加の木を入れたりするなど、その子なりに落ちないための探究を始めた。その後、家まで渡れた時には、満足そうに満面の笑みを浮かべた。器用な子には簡単なことが、すぐにうまくはできない。しかし、それが彼にとっては、状態をよく見て、考える機会を与えている。

　研究会で、ある園長先生が「周りの子が縄跳びをしているのに、じっと立っている子の姿」「その子が思い切って、後ろ跳びに挑戦した時の姿」「うまくいかない子どもたちの姿」の写真を見せてくださりながら、こう語られた。

　「挑戦している時間は、周りからはうまくいっていない時間に見える。この状態を人は『失敗だね』『また失敗したね』と言うが、思うようにいかないから挑戦している。失敗は負けて失うのではなく、やりたいこと、成し遂げたいことに気持ちを向けている時間、つまり深い学びに向かっている時間だ。向上の

時間は、いとおしい時間である」

　私たちは、成功の学びの物語りだけではなく、挑戦している中での失敗を見届けたい。

　中国上海市で訪れた学校に「早く咲く花もあれば、ゆっくり咲く花もある。咲く花の季節はおのおの違う。しかし、どの花も美しい」という言葉が掲げられていた。花が咲くまでの堅いつぼみの時間の意味を、春の訪れの中でもう一度考えたい。

園内と園外の研修をつなぐ

　地方自治体や園団体などが、それぞれに多彩な研修プログラムを組み、保育者の資質向上に取り組んでいる。さらに、キャリアアップ研修なども加わり、研修を受講する機会は増えている。

　一方、受講者側も実施者側も、これらの研修をどのように整理・統合していくかという課題がある。園内研修の一部を、こうした研修として認めようという動きもある。

　保育者や園の実り豊かな実践に結び付けるため、園内と園外の研修をどのようにつなげるのがよいかを考える時期に来ている。そのためには、次の３点が大事だと思う。

　第１に、受講者側が課題意識を持って継続的に参加し、得た知識を自園につなげることができるような内容の往還研修が、これまで以上に必要となる。求められるのは、年間の積み上げ。園外での連続研修講座などの試みと同時に、園内でも自分の探究テーマを持つことが、研修の成果を残すことにつながる。

　第２に、園外研修に複数人以上で参加し、ミニ園内研修にしていくことが、園としての研修効果を高める。

　第３に、参加型研修では、参加者が何を自分で引き受けられるかを考える「間」を大切にすることである。

　そして、園には、研修を「工夫して行っている園」「それなりに行っている園」「これから取り組みたいと思っている園」の３タイプがある。

「工夫して行っている園」の事例は目標になるが、多くの園では十分に取り組めていない場合も多い。そうした声を拾い上げ、不安や心配も開示して実施できるよう、保育者のキャリアに応じた研修とともに、園内研修の深まりに応じた研修も求められる。どの園も安心して次の一歩を踏み出そうと思える、ネットワークの形成が重要になる。

ニュアンスが分かるリーダー

　園が変革する節目になる、新年度を迎える時期。園長や主任、チームリーダーなどのリーダーシップには何が求められるのだろうか。

　教育のリーダーシップ研究を国際的にリードする、トロント大学オンタリオ教育研究所のマイケル・フラン名誉教授の新刊のタイトルは『ニュアンス―なぜある者は成功し、ある者は失敗するのか』※。

　複雑な時代に複雑な問題を解決するには、その組織や大事にする文化、人々の表面だけでは知ることができない微妙な趣や事情、違い、言葉に出さない部分にある意味を感知し、そこに新たな価値や意味を与えられる、ニュアンスが分かるリーダーが必要と説いている。

　真に深く鍵となる原理を見分ける目が、ニュアンスによるリーダーシップである。職員と一緒に意思決定し、道筋を合わせて柔軟に適応し、その文化に基づいた説明への責任が求められる。

　ニュアンスの感知は、保育でも重要である。それは「伸びよう」「できよう」とする芽、時に荒れたり、壊れそうになったりする兆しはわずかなことに表れ、それを読み取ることが必要になる。そして、子どもたちや職員一人ひとりの持ち味を生かすことが園が大事にする文化への誇りを育むことにつながる。

忙しい今の時期こそ、ニュアンスのズレの感知を意識したい。せっかく育てた子どもが、進級先の担任の下で問題のある子として語られたりするのを聞くと、前の担任は悲しい気持ちになる。自分の時は大丈夫で、大切に育てたのにと思う。微妙な対応の違いにも、子どもは敏感だ。丁寧に前任者が育てた芽が花を咲かせられるように、バトンをつなげる園でありたい。花の彩りを味わう春こそ、ニュアンスを大事にしたい。

※　Michael Fullan 2018 "Nuance: Why some leaders succeed and others fail" Conwin.

育ちの「決定的瞬間」

　ある園で、Aちゃんがつかまり立ちから、初めの一歩を踏み出した。保育室にいた保育者は固唾をのんで見守り、笑顔で彼に拍手し、そして抱っこする。

　一人ひとりの子どもには、その子の育ちにとっての節目の瞬間がある。初めての寝返り、はいはい、つかまり立ち、初めの一歩、初めてトイレでしゃがんで排せつができたなど、さまざまな場面がある。その瞬間、その子は大事な人に自分を観てほしいと感じる。誰もが通る道だ。

　長時間化する園生活の中で、その瞬間は家庭よりも園で生まれることの方が多くなっている。その瞬間の姿を、保護者とも分かち合いたい。

　20世紀を代表する写真家であるアンリ・カルティエ＝ブレッソンは、写真集『決定的瞬間』※で、「美しい写真のために必要なのは、機材でもテクニックでもなく、見る目と集中力、それからタイミングを待つ忍耐力」と述べている。そして、それは「内と外、その二つの世界の間には、均衡がなければならない。絶えず会話を重ねることで、二つは一つの世界になる。そして、その一つになった世界こそ、私たちが伝えるべきものなのだ」としている。

　ブレッソンは写真家として、日常生活の中に決定的瞬間があることを示した。保育においても、今を生きる子どもたちの姿

とそれを捉える保育者の内なる対話が瞬間を捉え、伝えるものとなる。そのことを大事にしたい。そして、その瞬間は一瞬だが、その子どもに関わってきた人には育ちの過程が思い出され、物語りが見えてくる。

　保育記録には、展開を言い表すことで意味を持つ記録とともに、瞬間が訴える記録もある。一人ひとりの子どもの決定的瞬間を、かけがえのない姿として大事にしたい。

※　『アンリ・カルティエ＝ブレッソン近作集―決定的瞬間・その後』朝日新聞社

季節行事の原風景

　5月にこいのぼりを飾る家を見掛けることが、年々少なくなっている。端午の節句のこいのぼり、七夕、お月見、正月の餅つきや門松、桃の節句のひな人形などの季節の行事が行われる場所として、園が子どもたちにその原風景を提供しているように思う。その中で、園は文化的なものとともに、その食や歌などを大事にしている。

　こいのぼりについて、忘れられない二つの風景がある。一つ目は10年以上前のこと。狭い保育室の中に、こいのぼりの形に切られた折り紙が置かれていた。「こいのぼりだね」と声を掛けると、子どもたちはそれに赤やピンク、黄色などの色を塗り、うろこを貼って、自分たちで壁面に飾っていった。

　こいのぼり製作は行われたが、そよ風を泳ぐこいのぼりは感じられず、そこに込められた昔からの人々の気持ちは何も語られていなかった。

　二つ目は別の園の風景。屋外に飾る実物の布製のこいのぼりが、保育室に持ち込まれた。その大きさを子どもたちが実感し、実際に触ってみる。その後、こいのぼりが吹き流しとともに園庭に飾られた。風をはらんで泳ぐこいのぼりに子どもたちは歓声を上げ、自分たちも吹き流しを持って走るなどしていた。そして、散歩の途中には、河原に大きなこいのぼりが何匹も泳いでいる様子を目にしていた。

園の置かれた状況や子どもの年齢によって、季節の行事の活動内容はさまざまである。その中では必ず「季節の行事の本質は何か」「何を子どもたちに感じてほしいか」を大事にしたい。それが、子どもたちの原風景となる。

　そのためには、経費の多少や場所の有無にかかわらず、「何を育てたいか」という保育者の願いを具現化することが求められる。

感情を自己調整する力

　昨年、4歳児の時に出会った、ある園の子どもたち。低月齢の子どもが多く、幼い感じがしていた。今年園内研修に伺った時、その子どもたちに半年ぶりに再会した。道を歩く時に「大丈夫かなあ？」と不安に感じる子どもたちも、5歳児になり、工夫して遊べるようになっている。

　その中でも、見ていて少しはらはらさせられるS君。感情の自己調整が難しく、すぐに爆発してしまう子だ。しかし、よく見ていると、クラスの集まりの場面でS君が我慢できずに手が出そうだなと思う時、周りにいた2人の男子がそれを察知して動き、S君からうまく距離を取った。そうすることで、S君と衝突しないようにしている。

　お弁当の準備。子どもたちが自ら机を運び、食事の場をつくる。大型積み木のそばに机が置かれた時、S君が強い口調で「だめ！」と言った。彼の説明によると、いすが後ろにひっくり返るとぶつかるから、「だめ」とのことだ。

　他の2人は無視して次の準備を進めるが、Rちゃんが「大丈夫、ぶつからないよ」とS君に反論した。S君は爆発しそうになったが、Rちゃんが自分の意見を聞いて応じてくれたことで、ぶつぶつ言いながらも席に座った。隣に座ったRちゃんが話し掛けているうちに、S君も次第に落ち着きを取り戻していった。

クラスの仲間が自分を理解し、動きや言葉に応じて対応してくれることで、S君も自分の感情を調整する方法を学んでいる。子どもたちは分かり合い、許し合える関係の中で、資質を身に付けていくと実感した場面だった。

　このように、辛抱強く一人ひとりの気持ちを大事にする保育が、子どもたちの関係性を育んでいる。このクラスを担任する若い保育者に、エールを送りたい。

（本文と写真には直接の関係はありません）

色を楽しむ子どもたち

「春の匂いって、どんな匂い？」「春の色って、どんな色？」という問いを持った、ある園の4歳児たち。そこから、自分たちが摘んできた植物を擦りつぶしたり、色水を作ったり、それをスポイトで混ぜてさまざまな色合いを楽しんだりしている。

「こうしたら、こうなる」というように試しながら結果を予想し、出た結果を確かめるなど、子どもたちは自信を持って取り組んでいる。色水を混ぜると香りも混ざることを実感したり、色の組み合わせや段階的な変化を楽しんだりしている。そして、そこから、「春の色」で布を染める活動へと展開していった。

人工的につくられた色は、絵の具やクレヨンなどとして売られている。子どもたちは、その色の名前を色彩と対応させて覚えていく。しかし、自然の中にあるものの色は、葉を例にしても、草や木の種類、表と裏、成長の度合い、ぬれているかどうかなどで異なり、同じものはない。そこに生命のみずみずしさや、伸びゆく生命力を感じたりする。

子どもたちは自然の中で、五感で植物に触れる。また、植物を摘む、擦りつぶす、編む、刻む、もむ、ゆでる、干す、生けるなどの行動を通して、色の変化と生活の営みをつなげて経験している。

こうしたことは、新緑の時季の園生活でこそ、取り組めるこ

とである。これを実行できるかどうかは、保育者がこうした営みに向かう見通しを持ち、園の暮らしをどう組み立てるかにかかっている。

　緑や土を大事にしていることが伝わる室内・戸外環境の中でこそ、子どもたちが、創意工夫する力が育まれる。こうした自然を通して色を楽しむ経験は、言葉を豊かにし、科学の目を育て、表現の機微を感じる感性を育むのではないだろうか。

創造性引き出す「いっしょパワー」

　ある園の、6月の4歳児たち。N君はティッシュペーパーの箱にラップの芯を取り付け、掃除機を作り始めた。それを見たH君は、同じような掃除機を作りたくなった。そして、全く同じ素材を使って作り出した。N君は3年保育で工作が得意。H君は今年、他園から転園してきており、製作経験は十分ではない。H君はN君の作った掃除機の魅力に憧れ、まねて作る。

　一瞬、同じような掃除機ができた。しかし、N君は裏表を上手にクラフトテープで貼って作っているのに対し、H君はセロハンテープで表面を貼っただけなので、すぐに壊れてしまう。その失敗を通して、H君はどうやったら丈夫に貼れるかを学んでいく。

　友達と同じものを作りたいという「いっしょ」への思いが、他の子の作る過程や作った物を一生懸命注意深く見ること、失敗を乗り越える手だてを考える力を生み出す。

　その後、N君は掃除機をより本物に近づけようと、持ち手や本体と持ち手をつなぐコードを作り始めた。すると、H君もコードを付け始めた。そして、今度はH君の方がコードをコンセントにつなぐアイデアを考え出した。

　2人の「より本物らしいものへ」という気持ちが、相互の学びを高め合う。できる子をまねて終わりではなく、互恵的に学び合い、より面白く高め合っている。

こうした姿を捉え、事例として報告してくださった先生のクラスでは、いつもこうしたことが生まれている。保育者がこの時期の「いっしょパワー」を理解し、子どもが工夫できるような素材を意識して準備しているからである。模倣を超え、それぞれの創造性を引き出す保育者には、子どもの製作を味わい、楽しみながら援助する在り方と、環境準備の知恵がある。

若手から学べるリーダー

　誰もが生き生きと働く園の特徴には、新任や若手の気づきから学び、それを意味付けられるリーダーが育っていることがある。園が進化を続けるためには、若い保育者の視点を生かせる仕組みづくりが大事だ。

　入職１、２年目の保育者が同僚の保育室を見て「いいね！」と思った環境を写真で紹介する、ある園の年度当初の研修に参加させてもらった。ある新人保育者は、乳児クラスの個人の棚の上段にある隙間に着目した。「おむつとおしり拭きが入っている棚が完全に閉じられていないので、子どもが自分から取りに行けていいと思った」と語った。彼女がそのクラスで「トイレに行こう」と子どもを誘った時、それを実感したという。

　「子どもが自分で（それらを）取り、トイレの方まで歩いていっていました。遊びの途中で行きたくないと思うこともあると思います。でも、自分で持っていくことで保育者も誘いやすく、自分で持つからこそ子どもも一緒に行こうと思えると感じ、いいと思いました」と語られた。

　このことに対して、そのクラスの担任保育者は「普段の保育では当たり前の部分だったので、子どもの意欲につながっていると感じているのがすごい発見だと思います。隙間が子どもの高さにあることも、実際に保育をしてみないと分からない部分なので、そこがいいと思ったのがすてきです」と応えられた。

研修後、他の保育者も「日々の当たり前の場が子ども主体の環境になっているかと捉える視点を見直した」と話している。

　隙間はたまたまあったのかもしれないが、それを新鮮な目で気づいた新人保育者、その気づきに共感できるベテラン保育者の良好な関係性と互恵的な学びの構造を感じた時間だった。

子の傍らにいる保育者

　梅雨の雨上がりの園庭。子どもたちは大喜びで、深く掘られた穴で遊んでいる。穴に水を入れて、できた泥のぬかるみに足を浸している子がいる。その子は、手もドロドロの泥の中に突っ込んだ。

　一人の保育者ははだしになり、ズボンの裾をめくって、その中に入っていった。そして、同じように手を入れ、その子と一緒に泥遊びを楽しんでから「そろそろ行こうか」と声を掛けた。別の場所を見ると、穴に流れ込む道を掘っている子がいる。別の保育者は「ここに川をつくるの？」と訊き、子どもが掘ることに満足してから切り上げていく。

　自分が一緒に楽しむことなく、「もう時間だから、早く手を洗って」と言葉で子どもを動かす保育者は多い。しかし、この園では子どもの気持ちをくみ取り、「子ども時間」を楽しむ保育者がいる。

　「傍らにいること。見守ること」は、保育の理念としてよく語られる。しかし、物理的に子どもの傍らにいるだけでなく、子どもの思いをくみ取り寄り添うこと、子どもの思いの行く末を思い描いて見通しを持つことで、子どもが遊び、生きる時間を大切にする姿がある。

　この保育者たちは、1年目から数年目の若手だ。それでも、園文化の中で何が大事かを感じ取っている。子どもにとって

は、理論を上手に語れる保育者よりも、傍らで一緒に自分の楽しみを分かってくれる保育者がいることで主体性が伸びることを感じる。

　ふと、そばを見ると、砂場遊びを十分に楽しんだ子どもたちが長い柄の付いたデッキブラシを使い、外側に出た砂を砂場に戻していた。十分に遊び込んだからこそ、自分たちの場を自分たちで整える習慣が生まれている。大事にする価値が実践から見える園は、すがすがしく心地良い。

許しの保育学

　最近、日本の保育の良さを考える機会が多い。そのとき、次の2点を挙げている。

　一つは、遊びを中心として子ども同士の関係を深め、育む保育。日本の園の幼児期のクラスサイズの大きさは、保育者一人が担当する子どもの人数が少ない海外の条件と比べて批判されてきた。しかし、最近、自己調整能力との関係などから4、5歳の子ども同士の関係の重要性が言われ、海外の動向も含めて風向きが変わってきたように感じる。

　もちろん、一クラス30人、35人という子どもの数は多い。だが、それだからこそ育つ姿もある。「子どもたち同士のいざこざ」「大人から見たらわがままにも思える自己主張」「失敗しながらも試行錯誤して、より深く学ぶ」「すでに自分でできることでも、大人に甘えて依存しようとする」

　こうした事態に対して、保育者は比較的寛容な保育観を持っている場合が多い。その「許しの保育学」は、子どもが安心して自分を出し、時にはぶつかり合うことを通して学ぶことを可能にしている。許すことは、将来への見通しを持ち、「いずれはしなくなるだろう」という子どもへの期待や信頼に基づき、失敗や無駄を認めることである。

　二つ目は、環境を通した教育としての、戸外経験を大切にした保育である。自然は子どもの思い通りにならず、常に変化す

る循環性や命あるものの有限性などを教えてくれる。体験の中で思い通りにいかないその難しさを通して、子どもたちは命あるものの尊さや人間のエゴが共生としてのエコを難しくすることなどを学んでいる。これも、戸外でさまざまな関わりを許すことで、初めて可能になる。

　この寛容さやおおらかさは、成果や効率を急ぐときには失われがちになる。改めて、このことを心に刻みたい。

求めに応じた知の提供

　知人が、日本の園を訪問したいと来日した海外の方を、保育の質が高いとされるA幼稚園と、その近くのビルの中にあるB保育園に案内した。

　彼女はその方たちの感想として、きっと「伝統があり有名なA幼稚園が良かったと言われるだろう」と思っていた。だが、実際には「B園が地域の公園などをうまく活用していて、見学できて良かった」と聞き、驚いたそうだ。

　「自分たちの園が置かれた環境はA園とは程遠く、B園に近い。B園はとても工夫されていて、さまざまな着想や刺激を受けた。参観して良かった」と言われたと、その知人から伺った。

　私もプロジェクトの仲間と園庭に関するブックレットを作製した後、どのページが最も役立ったかを園に伺った時に学んだことがある。園の置かれた環境により、最も役立ったページが違ったことである。

　与えられた物理的環境の変更が難しい園では、ルールや規範の見直し、少しの工夫、職員の情報共有に関わるページが高く評価されていた。一方、一定規模以上の広さがある園庭をもつ園では、実際にどう改造したかのページが参考になったという評価が高かった。

　この結果からは、「ベストで質の高い事例であっても、それが今、園にできることの範囲を超えていると認識されれば、そ

こに学びは生まれない。しかし、自分たちがひと工夫すれば、もっと良く変えられるかもしれないと思えた時に、学びが生まれる」ということが分かる。

「園内外の研修でどんな求めに応じることが、その園や保育者にとって一番の学びになるのかを、これまで以上に考えていく必要がある」と感じた経験である。各園からの事例報告に学び、求めに合った学びの機会を保障し、深い学びにつなげたい。

深い学びへの転換

　乳幼児期の深い学びの姿の事例を検討する研修会に参加させてもらった。その中で「深い学びの『深い』とはどのようなことか」という話が、問いたい課題として出た。

　ある時点での探究の深さだけでなく、一つの経験がさらに次の経験へとつながることも、深い学びの表れと考えられる。そのための援助のタイミングや環境設定の難しさを誰もが感じ、事例を通してその判断を学び合う。

　ある園で、幼虫から育てていたチョウが動かなくなっていた。死を迎えたのだ。すぐに死を受け入れ、お墓を作ろうという子どもがいる。しかし、「まだ動いてる」「寝てるだけ」と、すぐには死を受け入れられない子どももいる。

　死を受け止め切れない子の思いを担任の保育者が受け止める。そして、立ち止まり、みんなで共有することと、その子を軸にした問い返しが、学びの深まりの転機になる。

　チョウの亡きがらを実物投影機で大きく映すことで、子どもたちは動いているかどうかを観察し、確かめる。過去の飼育経験から「虫に詳しい先生の話を聞くと、死んでいるかどうかが分かる」という意見を出した子もいた。実際にその方に話を聞くことで、生死を見分ける方法も教わっていく。

　「お墓に埋めても他の虫に食べられるのではないか」という心配についても、死んだチョウは他の虫も食べないことなどを

知りながら、次第にチョウの死を受け入れていく。

　この事例では、園での出来事と過去のさまざまな生活経験がつながっている。同時に、死に向き合うことやその時どうするかについても、子どもたちは1匹のチョウのいのちから学んでいる。私たちもまた、その時の保育者の判断から、深い学びへの分かれ道において大事にしたいことを学んだ。

育ちを生み出す園行事

　秋は運動会シーズン。そこでは、各園の大事にしていることがよく見える。そして、運動会を通して、子どもたちも一回り大きくなる。

　ある園の、運動会数週間前の活動。小学校が行っているソーラン節を、園の子どもたちが見学した。そこから5歳児の心に火が付き、キッズソーランを練習している。

　園庭で2クラス合同の練習を行っていると、年下の子どもたちも園舎2階のベランダからその姿を見たり、まねをして踊ったりしている。担任保育者が格好よく、さっそうと踊ることで、子どもたちは「もっと踊りたい」という思いを持つ。

　ソーラン節の音楽に合わせて、園全体が活気づく。そこで、子どもたちのお兄さんやお姉さんに対する憧れが生まれる。この循環が、園の文化や風土を生み出すのだろうと思った。

　日陰に移動して、頑張ったことを振り返る。子どもたちが「足をこんなふうにぴんと伸ばしたよ」「手はこんなふうにしたよ」と身振りを交えて説明すると、それを聞いた子どもも同じように試してみる。何人かの発言を聞いていると、誰一人として同じことを言わない。そして、全体を振り返る中で「波の感じを出すのに、ここはこんなふうにやった」と、曲に合わせた工夫も語るようになっている。

　こうして振り返りを共有することで、「次に踊る時にはこん

なふうにしたい」という見通しを持つことにつながる。だから
こそ、子どもたちが主体的に取り組む活動になっていく。この
子たちはきっと、運動会後もこの音楽をかけて踊る遊びを楽し
むだろう。

　行事に向けた気持ちの高まりと一体感が、子どもを育ててい
く。日本の保育らしい伝統の一風景と感じた、秋晴れの日の保
育研修だった。

テクノロジーの未来

　タブレットやスマートフォンの発展で、生活は大きく変わってきている。家庭でこれらの機器に0歳や1歳で出会い、操作していることを示すデータも報告されている。さまざまな国で、画面を見る時間に関する規制も出されている。その一方で、多様なアプリが開発され、日本でも導入する園が出ている。

　折しもそうした時、子どもの活動とデジタルテクノロジーと教育の関係について研究をされているメッサー教授が英国から来日され、大学でセミナーを持つ機会を得た。メッサー教授が日本で話をされるのは、初めてである。

　メッサー教授は「テクノロジーが子どもたちの新たな学びを生み出すから、どの保育室にもタブレットを」というようなテクノロジー決定主義から、「テクノロジー自体は何も力を持っておらず、そこで扱われる内容こそが大事である」という意見まで、考え方の幅があることを示された。

　その上で、ご自身が開発されたアプリでの、子どもたちの経験を話してくださった。写真などを自由に選択して「お話づくり」をする活動は、その子の個性が発揮でき、とても興味深いものであった。保存機能があることも、子どもの声が残り再現できる強みがある。

　子どもは夢中になる。ただし、興味深い内容でも、3〜4歳の時期には特定の子が端末を独占して協働が難しい例もある。

そうした課題を踏まえ、協働を生み出しやすいアプリの例も紹介された。

　直接体験が大事なことは、言うまでもない。しかし「環境を通しての教育」として、鉛筆やはさみ、シャベルなどと同様に、タブレットやその中のアプリを新たな道具の一つとして、どのように園で生かしていくのか。その知恵や知識を持つことも必要だと認識した話だった。

日本ならではの保育

　OECD国際幼児教育・保育従事者調査2018の結果が出た。報道では、日本は「社会から評価されている」と感じる保育者が参加９カ国中、最も低い点がもっぱらクローズアップされている。だが一方で、「日本ならでは」の独自の良さが表れた結果も示されている。

　「子どもの言語、基本的な読み書き能力、基本的数的能力を伸ばす取り組み上位三つの取り組み」の１位は、６カ国が「歌やリズム遊びをする」だったのに対し、日本は１位が「子どもの目線に合わせる」、２位が「子どもの話を繰り返したり、自分の言葉に言い換えたりする」、３位が「子どもたちが互いに話すよう促す」だった点が特徴的である。

　「目線に合わせる」は日本と韓国、「繰り返したり、言い換えたりする」は日本だけが選んでいた。保育者が行為の意図や心情を読み取れるように子どもの目線に合わせ声を聴こうとし、子ども同士が話すよう促す行為を、私たちは子ども中心の保育哲学として大事にしている。その姿が日本の独自性として表れている。

　「子どもの社会情緒の発達を促す上位三つの取り組み」についても、７カ国が「子どもたちが互いに助け合うよう促す」を１位としたのに対し、日本だけが「子どもの遊びに加わっているとき楽しそうにする」を選んでいる。そこには、子どもたち

が遊びを楽しむために保育者もその傍らに身を置き、共に楽しむ姿が表れていると感じた。

　もちろん、この結果には質問項目の翻訳などの影響もあるだろう。しかし、日本が大切にしている子どもの遊びと、その傍らに寄り添う保育者の姿が国際比較データでも表れた点に、私は驚きとうれしさを感じた。保育者のストレスなど残された課題も大きい。だが、そうした中でも日本の保育理念を受け継いでいきたい。

子ども中心の町づくり

　子どもを中心とした町づくりを考える講演や研修会への参加が続いた。その中で「園の保育に保護者が満足し、『あの園に子どもを』と保護者が定住することで、過疎に歯止めがかかった。園もさらに、より良い保育の充実を考えるようになった」という、ある自治体首長の話を伺った。

　「子どもを中心により良い経験や環境を」と願う気持ちから、保護者や地域の人たちが集い、大人にとっても豊かな時間を過ごすことができる経験についても、園や地域、企業の方から、いろいろな事例が語られた。

　２歳児を担任する、ある保育者からは、ハーブ園をつくっておられる高齢者の方に公園で「ハーブ園に遊びにいらっしゃい」と誘いを受けたことから、子どもたちにハーブ園訪問のワクワク感やハーブへの深い興味が生み出された話を伺った。

　その話がさらにすてきだったのは、そのことで園内にあるハーブをこれまで生かしていなかったことを再発見し、園の環境を充実するとともに、それを１回限りで終わらせないようにチーム保育の中で同僚と語り合い、カリキュラムに入れて計画し、記録を取って共有していったことである。

　ある寺院の住職を兼ねる園長先生は、地元農家との交流から地元ＪＡ青年部につながり、その協力を得て、子どもの継続的な野菜づくりが進んでいった話を聴かせてくださった。園長

ならではの人脈だ。

　それぞれの役割の中でコミュニティづくりを意識し、自分ごととして引き受けることで、出会いが始まる。時には地元の反対や抵抗もあるが、それが契機となり意見交流が始まる。園を子どもを収容するだけの場とするのか、地域との出会いを保障し子どもを育む場にするのかが問われている。

自ら場をつくる遊び

「環境を通しての教育」は、日本の保育の鍵概念である。

　ある園では、5歳児が運動会を思い出し、どんな形や大きさにするかを考えながら、自分たちでリレーのトラックをつくっている。その中では、直線を長くしたい子とバトンを渡し合ってコーナーを回るのが面白い子の間で、意見の衝突が起きる。子どもたちは、微妙にトラックを調整しながら、場をつくり出していく。

　別のある園では、3歳の子どもたちが保育者と共に、ビールケースを園庭で並べて舞台をつくり出す。さらに、観客席の場所を自分たちでイメージしながら、お風呂マットを組み合わせて置いたりしている。そして、秋空の下、衣装を身に着けてスターになり切り、ショーを始めている。

　また別のある園では、2人の4歳児が、頂点を上に向けた三角のコルク積み木の上に長い四角の積み木を載せ、バランスを取ることを楽しんでいた。さらに、マットや段ボールを持ってきて場を広げながら運動をする場がつくり出される。三角の頂点を下に向けるとバランスを取ることが難しくなることに気づき、数人の子が挑戦を試みている。

　3例に共通するのは、子ども自らが場をつくる遊びは、その場でさらに展開して長く続き、深まっていくことである。レッジョ・エミリア市のドキュメンテーションセンター長のマリー

ナ・カスタネッティさんが「子どもから見た時、その場にある全てを自分が使えるという主体の意識が、環境において大事」と語っていた言葉を思い出した。

　保育者が準備した環境の中での「主体性」でなく、自らが主体的に場をつくる醍醐味が、秋の深まりとともに子どもの育ちとして見えるとよい。年間を通して、環境の構成者として子どもが育っていく姿を楽しみ、味わいたい。

ワンチームとしての園

「『ワンチーム』は１日にしてならず」。2019年のラグビーワールドカップから生まれた言葉である「ワンチーム」は、流行語大賞にも選ばれた。保育でも、園が「ワンチーム」となることの大切さを感じる。

　ある園では、子どもの姿をつづるドキュメンテーションだけでなく、保護者に子育ての見通しを持ってもらえるように掲示を工夫している。

　０〜１歳児の保護者には、子どもの「言葉が出てこない」「衣類の着脱がうまくいかない」「食の好き嫌い」などに悩む方もいる。そこで、保健師にインタビューをしたり、園ではどんな言葉を掛けているかを示したり、衣類の着脱では１歳上のクラスの担任保育者に、食のことでは給食職員に、若手保育者が話を聞いたりして掲示を作成している。

　給食職員からは「野菜の苦みや酸味は、本能的に嫌いなのは当然。でも、油で炒めると大好きです」や「園の一押しメニューのレシピはこうです」などの紹介がある。衣類の着脱についても「園では腕や足を通す遊びを通して、着脱ができるように育っていきます」などの話が出てくる。それは、若手保育者の学びにもなる。

　掲示には、保育者、給食職員、保健師など、園の中のいろいろな人の声が表れる。それによって、若手保育者も自分で掲示を

作り、保護者に自信を持って話ができるようになっていく。園内でも、担任、担当内だけでの対話や仕事になりがちだ。しかし、互いに見通しや専門知を共有していくことで、保育者も保護者も知恵を豊かにしていく。

　こうした「ワンチーム」としての園は短期間ではつくれない。しかし、そこにやりがいも、学びの深まりも生まれ、子どもたちの豊かな経験を保障する。「ワンチーム」としての連帯を強めたい。

実践記録共有の積み重ね

　ある県の幼児教育センター主催のフォーラムに呼んでいただいた。公私や施設形態に関係なく任命された、全市町の幼児教育アドバイザーと園リーダーが、自分の自治体の取り組みをポスター発表していた。そこでは、他の自治体の保育者らとの質疑が行われる。それにより、県全体で目指す方向性を共有している。

　さらに、600人余りの参加者が4人程度で一つのグループをつくり、記録を共有していた。そこでも、違う自治体の保育者や小学校の教員が一緒になり、園リーダーが持参した記録を基に議論する。記録されているのは、具体的な子どもの姿である。小グループで、生き生きとした実践記録を基に話し合うからこそ、詳細を尋ね合い、自らの経験と重ね合わせた語りとなる。

　私が聴かせていただいたグループでは、一つの実践事例に保育者の支援と探究のプロセス、見取った10の姿などが丁寧に記されるとともに、子どもの内面や心情が吹き出しで書かれていた。それを別の参加者が意味付け、「小学校のこんな活動ともつながる」という話も出ていた。

　事例を書いた園リーダーは「事例を繰り返し記録する中で、他の人の事例記録に触れて『こんなふうに書くと伝わりやすい』と感じ、書き方を工夫するようになった。さらに子どもを見るのが面白くなった」とおっしゃっていた。

自園の中だけでは、記録や見方が限定的になりがちである。しかし、それぞれが胸襟を開き、園や校種を超えて語り合うことを通して、学びが深くなる契機が生まれる。

　このフォーラムは、5年目の取り組みという。時間をかけて、心を開き合う価値を実感し共有することが、確かな学びの場を生み出すことを学ばせてもらった。これから、大輪の花が咲くことだろう。

園独自の記録の作成

　ドキュメンテーションやポートフォリオなどの記録作成が広がっている。ただし、作成にどこまで時間をかけるか、それをいかに活用するかの程度は、園によってさまざまである。「リアルタイムに保護者と共有することが、保護者と保育者、保護者と子どもとの対話のためにいい」と考え、お迎え前にSNSなどで発信をしている園もある。

　その一方、保育者の不足や多忙化の中で、「ノンコンタクトタイムを捻出するのが難しい」「リアルタイムの必要性は分かっていても、うちの園では1週間に1回程度がちょうどいい」という意見も聞く。

　ある県の中堅以上の保育者を対象とした研修会で、表現発表会までの子どもたちの追究や保育の展開が見えるようにクラス便りをつないで作成したドキュメンテーション掲示を見せていただいた。

　作成した保育者は「クラス便りはこれまで出していたもので、それをつないでいった。作っているのを見た子どもたちも『自分たちも描きたい』と言い、さらに記録が足されていった」というエピソードを語ってくださった。子どもにとっても、ドキュメンテーションが自分たちの活動の振り返りになっている。

　その研修に参加した他園の園長先生から、「この事例を聴き、

自園でも保育者がドキュメンテーションを作成する場所を、職員室から子どもたちがいる保育室に変更してみた。すると、子どもたちも作成に参加するようになった」というメールを頂いた。

　職員体制や限られた時間の制約の中、知恵を使うことで、日本でも多様な様式やさまざまな人が参加した記録が対話のメディアとして生まれてきている。自園に合った対話のための記録づくりについて、その知恵の連鎖が生まれていくことを期待したい。

新しい遊びが生まれる瞬間

　雨の日のある園。子どもたちは保育室で、それぞれ自分の好きな遊びに取り組んでいる。ふと目を留めると、一人の女の子が座って足を上げたＶ字ポーズをつくり、両手を広げてバランスを取っていた。その足には、プリンカップが挟まれている。よく見ると10個のプリンカップがあり、そのうち１個だけが床上に置かれている。残りの９個を積み重ねて両足で挟み、その１個の上にうまく重ねる挑戦をして遊んでいる。

　その脇には、画用紙とサインペンを持った審判役の子がいて、成功なら「○」、失敗なら「×」を書いている。単純な遊びだが、女の子のポーズや、成功したかどうかを判定する審判役の子のチェックの厳しさなど、なかなか面白い遊びになっている。

　他の子どもたちも、新しい遊びに魅き付けられ、「やりたい」と言っている。挑戦してみて、すぐに諦める子もいれば、足の感覚が良くなってうまく挟めるのか、上履きを脱ぐ工夫をする子もいる。

　飽きることなく挑戦を続けると、最初は「××○××」とバツ印が目立ったのが、次第に「○○○×」と変わってくる。そして、「やった！10回成功」と声を上げ、笑い合っていた。

　たかが10個のカップ。されど、子どもの思い付きから遊びが生まれ、みんなで役を生み出し、楽しみ合う。名もない遊びだ

からこそ、面白い。遊びが生まれる瞬間のワクワク感を共有させてもらいながら、本当に「子どもは遊びを生み出す天才だ」と感じる。

　その姿を温かく見守り、一緒に面白がれる保育者たちがいる。この園では訪問のたびに、子どもの自由な発想から面白い遊びが生まれている。こうした園風土の中でこそ、子どもたちは伸び伸びと大きく、たくましく育つだろう。

●── 同僚との語り合い、探究、問い直しで

子どもの内面を捉える

　ある園長から「若手の保育者が最も指導しやすい遊びとして挙げるのが『ごっこ遊び』。反対にベテランの保育者が最も指導が難しい遊びとして挙げるのも『ごっこ遊び』」と言われ、なるほどと思った。若手保育者にとって「ごっこ遊び」は、遊びの見通しを持ち、環境や援助のイメージが湧きやすい。しかし、それを保育者側の枠組みで捉えがちであるため、子どものありのままの言動を捉え、そこに根ざす思いや願いを読み取らずに、保育者がリードすることがある。だからこそ経験が豊富になるほど、そこを戒めておられるのだと感じた。

　「子どもの姿を見る」というと、状況を見て、どのように関わったらいいのかを考え、見通しを立てるような話し合いが生じやすい。しかし、それでは研修は深まらないという話題を、ある研究会の先生方と話し合った。

　子どもの内面を捉えるためには、その子が何に心を動かされているかを、目を凝らして見ることが必要になる。目線やその先にあるもの、指先の動き、姿勢やつぶやきなどから、身体で感じ取る。情動を直感的に感じ取る。これは、大勢の子どもたちを目にして、保育中のある瞬間に全てを捉えることは難しい。

　だからこそ少しの時間でも同僚とその日の出来事や一枚の写真を振り返り、子どものこだわりを読み、遊びの可能性を語り合う。正解はないが、同僚の言葉から多面的な見方が可能と

なる。それが「子どもが見える」につながる。

　ドキュメンテーションを作れば、見えていると思いがちである。しかし、子どもの姿を同僚と語り合い、探究し、問い直すからこそ、心を深く感じ、心情に添うことができている。こうした探究者としての保育者たちが、日本の保育の卓越性を支えている。

絵本は子どもの文化財

　東京大学大学院教育学研究科附属発達保育実践政策学センター（Cedep）とポプラ社の共同研究「全国保育・幼児教育施設の絵本・本環境実態調査」の結果から、私は3点を考える。

　第1は、絵本蔵書量や購入経費の園間格差が大きくていいのかという点である。絵本は幼児期の教育で大事な経験を保障する。だからこそ、予算措置とともに、公立図書館の園向け団体貸し出しの充実なども含め考えてほしい。

　第2に、小学校以上が図書標準などの基準があるのに対し、そうした基準がない幼児教育・保育という学校種間の段差である。園の教育は基本的に市区町村管轄のため、都道府県教育委員会は関わりにくい傾向がある。そのため、保育での絵本保障の議論は薄くなりがちである。園と学校図書館の交流や寄贈の仕組みなどがあってもいいのではないだろうか。

　第3に、この状況にもかかわらず、絵本蔵書量や購入予算などが少なくても、全国の半数の園が「現状で十分」と回答している実態である。絵本にも多様なジャンルがあり、未来を見据えて考えてほしい内容などを含む良質の新刊絵本も刊行されている。園では遊びを中心とした直接体験が重要なのは言うまでもない。しかし、絵本は探究を深める手掛かり、心の安定やよりどころになり、遊びをさらに展開するためにも求められる子どものための文化財である。

読み継がれている定番絵本も大事である。しかし、それだけでいいだろうか。多忙化の中で保育の教材研究が弱くなっているといわれる。回答も、その表れかもしれない。園間の格差や学校種別による段差、求められる資質のための絵本という視点の落差がなく、園の絵本環境が保障されるよう声を上げていきたい。

「四月のまごころ」を心に刻む

　新型コロナウイルス感染症の不測の事態の中でも、花々はつぼみを膨らませ、若葉が芽吹き、春の訪れを告げている。園もまた、入園児を迎え入れる、新たな心持ちへと切り替えていることだろう。

　倉橋惣三は「四月」と題し、以下の文を寄せている。

　「花が咲いてゐる、どんなに花自ら嬉しいであらう。花が満開してゐる。どんなに花自ら楽しいであらう。その、花自らの喜びを喜びとし、その幸福を祝ふ心、それが四月のまごゝろである。たゞ、こつちの興味で、美しと眺め、美しと賞するのみではない。見よ、わが園に子どもらの生活が咲いてゐる。満開してゐる。かれら自らに、どんなに快いことであらう。どんなに喜ばしいことであらう。その、子どもらの幸福を、子どもら自らの心に和して祝ふ心、それがわれらのまごころである。しかも、またしても、花を賞美するだけで、花そのものゝ心になつて喜んでやらない如く、またしても教育のためから眺めたりするだけで、子どもら自らの心になつて喜んでやることを忘れる」(『幼児の教育』36(4)、1ページ)

　85年前の1936年の文章である。私たちは今もこの精神を受け継ぎ保育をしている。

　OECD国際幼児教育・保育従事者調査2018の結果でも、子ども主導の遊びを支える保育者が行う実践として「子どもたちに

主導権を与えつつ自分も一緒に遊ぶ」、言葉等の発達を促す関わりとして「話をしたり聞いたりする時に子どもの目線に合わせる」などの回答が多く、日本独自の特徴が結果に表れている。

　忙しくなると、子ども自らの心に和し、子どもの心になって喜ぶことを忘れがちだ。美しい花と子どもの笑顔を見たら、倉橋のこの「四月のまごころ」をわが心に問い、一息ついて深呼吸したい。

保護者と保育者の信頼関係

　新型コロナウイルス感染拡大の中で、全国の保育者が全力を尽くしていらっしゃる。保育者と新入園や転園などで新しく来た保護者との関係形成も、例年以上に大変と思う。

　ある教育委員会の先生は、「幼分補給」という通信を発行されている。その中に書かれた、保護者と保育者の関係を引用、紹介したい。

　「5歳児の生活発表会で『白雪姫』をしたときのことです。その日の王子様役のSちゃんは、転入児で、口数の少ないお子さんでした。でも体はよく動くので、小人の表現も森の動物の表現も一生懸命です。（一人何役もします）王子様役も替わり合ってしていました。セリフが一つになったので、当日はSちゃんにしてもらいました。『頑張って言えるかな？』と思っていたのですが、小さい声でもしっかり言えたので、生活発表会の後、一人ひとりを褒めたときに、『Sちゃんの王子様のセリフ、よかったよ』と褒めました。次の日、Nちゃんのお母さんが話をしてくださいました。『先生、昨日、Nに叱られました。何げなく〔Sちゃんの王子様、もっと大きい声で言えたらよかったのにね〕と言ったら、Nが〔先生は、小さい声でもしっかり言えて偉かったねって言ってはった。Sちゃんの王子様は、あれでいいの〕って。劇の出来栄えではなくて、一人ひとりができる力で精いっぱいやることが大事だということをわが子に教え

られました。先生、ありがとうございます』と…」

　子どもをどう見るのか。その見方を保護者と保育者が共有していくプロセスの中で信頼は形成され、それが子どもの自信や誇りを培っていく。

　新年度は不安の多い時期。保護者も不安だ。その中で、保育者が子どもをどう見取り、伝えるのか。親子の居場所を園にしっかり築きたい。

子どもに伝えるコロナの中の知恵

　新型コロナウイルスの感染拡大が続く中、医療従事者などの保護者を支え、精いっぱい力を尽くす園や保育関係職員の皆さんに、心からの謝意とエールを送りたい。

　この状況下、私たちは子どもたちに、新型コロナウイルスに関して何をどのように伝えるのか。この問いに、イタリアのミラノこどもミュージアムが出版し、藤田寿伸さんが和訳された「好奇心を持った男の子と女の子のための銀河コロナウイルスガイド」(https://www.ynu.ac.jp/hus/edu/23869/1_23869_1_4_200408090728.pdf)は、示唆に富む答えを示している。

　本文は「好奇心(興味)は、勇気よりも強く、怖れに打ち勝てる」の一言から始まる。武漢の医師・李文亮の警告、医師や科学者が研究し、原因を突き止めたこと、昼夜なく打倒に向けた研究が続けられていること、感染力の強さやメカニズムなどが、デザイン性のある絵で描かれている。「言葉も出身も年齢も関係なく全ての人の安全のために重要なことです」と、グローバルな視点で語り掛ける。

　六つの小さな習慣を守ることの大切さを絵入りで示し、最後に「ずっと友達と会わないでいられるかって？(中略)それまでの間は創造性を発揮してください！もうすでに世界中のたくさんの若者たちが、直接手を触れたりハグしたりすることなしに楽しんだり挨拶できる方法を発明しています…あなたた

ちは、どんな挨拶の仕方を発明しますか?」と物語っている。

　本書の焦点は、予防法だけでなく、新型コロナウイルスの解明に取り組む人の勇気や知恵であり、人間の創造性への信頼である。大量の情報があふれる中、私たち一人ひとりが、子どもたちに何を語り、伝えるのか。そこでの創造性と見識が問われている。

心の結び付きは育ちの基盤

　物理的に離れていても子どもたちが人とつながる気持ちを育む取り組みが、さまざまな所で実施されている。

　京都市立幼稚園15園では、子どもたちや保護者の様子を社会に伝えることで元気や勇気などを届ける「エールプロジェクト」を行っている。各園はホームページ上で、子どもの絵や作品の写真等に保護者のコメント、保育者のメッセージを付けて発信している。

　ある園では病院の絵に「がんばってね」と書いた５歳児の絵に保護者が「病気と闘っている人とお医者さんに向けてがんばってほしいと願いを込めて描いていました」というコメント、保育者が「病院の絵を描いてくれたのですね。いろいろな思いを込めて描いてくれたのですね」とメッセージを書き、その脇に「いいねマーク」を付けている。

　３歳児のバラの花束の絵には、保護者が「エールプロジェクトの話をすると、『ありがとうを伝えるためにお花の絵を描く』と最近好きなバラの花をたくさん描いて花束にしました。『医療関係者への感謝で京都タワーも今、ブルーなんだよ』という話を電話でおばあちゃんに聞いて、バラの花もブルーにしていました」とコメント。保育者は「おうちの方と一緒にさまざまなことに思いを巡らせている子どもたち。その思いの深さ、それを引き出されるおうちの方、本当にすごいですね。ありがと

うございます」とメッセージを送っている。

　子どもたちは園に行けなくても、園の一員だと感じているからこそ、さまざまな人に対しての願いや思いを保護者とともに伝えている。この企画と園のホームページが、親と子、園と家庭、園と社会をつなぐ紐帯となっている。幾重もの心のつながりの中で子どもは気づき、学び、育つことを改めて感じる。

物理的距離と心の距離

　知人に、フランスのある園で住民隔離解除直後に行われていた、距離を保った保育動画（https://www.facebook.com/watch/?v=289203085435216）を教えてもらった。

　子どもたちは園庭に一人ひとりのスペースとして書かれた大きな四角形の中にいなければならず、友達と交わることはできない。友達との距離は離れ、まるでおりに入れられているような印象である。保育者は順番に子どものそばに行き、話を聞いたりしている。

　確かに、物理的距離は保たれている。取材した記者が「園の役割とは？」と問い掛け、園長も「心痛む」と語る状況は衝撃的だ。

　一方、先日オンラインで行った保育研究会では、さまざまな園の先生方が休園中の知恵を語ってくださった。その中には、家庭に植物の種を配り、園でも同じ種を植え、互いにその世話をしながら、そのことを話題に会話をされている園があった。

　また「先生の声を聴き、お話の情景や友達と一緒にいることを思い浮かべながら、繰り返し聞いてほしい」という願いを込め、保育者が自分たちの声で録音した絵本や物語のCDを送った園もある。

　私はそこに、心のつながりや距離の近さを感じる。それは植物の成長を見つめたり、お話を共有したりと、子どもと保育者を仲立ちする素材が保障されているからである。

保育・教育の質の高さは、対話を通して素材や活動が出来事を生みだす、出会いの保障にある。先述の映像も、子どもたち一人ひとりが地面に自由に絵を描いてそれを鑑賞し合ったり、空間をフルに使って一緒に踊ったり、四角形を順に移動したりする場になれば、教育空間になるだろう。

　子どもたち同士の心の近さや、心がいかに満たされるかを考えたい。

コロナ後に必要なこと

　東京大学大学院教育学研究科附属発達保育実践政策学センター（Cedep）が実施した「保育・幼児教育施設における新型コロナウイルス感染症に関わる対応や影響に関する調査」。その中で訊いた「新型コロナの問題が落ち着いた後に変化すると思うこと」について、回答者の約半数が「行事のあり方」（47・3％）を選んだのは意外だった。「保護者とのコミュニケーション」「会議、研修のオンライン化」などの項目よりも回答数が多い。

　行事に関して「意義、目的や方法を再検討する」「今回、中止や縮小をしたことで、必要のない行事ややらなくてもよい要素が可視化されたため、今後も中止・縮小を検討」「大人数で集合する行事でなく、普段の保育の様子を見せるなど、保護者に子どもの成長を見せる方法を再検討する」などの声が挙がった。

　新型コロナウイルス感染症の影響でやむを得ず行事を縮小・中止したことが、活動内容や場所、生活時間や流れ、園と家庭の機能分担などを問い直す契機になっている。当たり前だった日常を見つめ、関わり方や時間の流れ、ルールなどを見直すことで、「こんなこともありかも」と気づきが生まれる。「ニューノーマル」「新しい生活様式」など、コロナ後に向けて「新しさ」ばかりが語られるが、「ベターノーマル」でもっと幸せになることを目指したい。

　日頃よりも衛生管理に気を使うため、ストレスが高まる。

完璧主義や改革主義よりも「まあいいか」「ぼちぼち」「本当に必要？」と考えてスリム化し、肩の力を抜き、深呼吸しながら、これまで以上に保育や生活を楽しむ余裕を持ちたい。それが「ベターノーマル」を生む。コロナ後に必要なことの答えは、子どもの笑顔と活力、保育者の気づきの中に既にある。

「ちょっと違う」への気づき

「多様性(diversity)」に関して、国際シンポジウムで考える機会を頂いた。「おんなじだね」「私も」「僕も」と言って、同じものを持つことが、子どもたちに一体感を生む。しかし、そうした中でも「私は○○」「僕は○○」という表現の中に、自我の芽生えが生まれる。

「違い」を比べる時、「高い─低い」「大きい─小さい」といった対の概念を言葉で捉える指導ではなく、「ちょっと違う」は微妙な差異を丁寧に捉え、気づき、分かっていくプロセスを支える。そして、「ちょっと違う」は、多様性に対する意識を育む第一歩になると感じる。

植物でも、動物でも、人間でも「似ているが少し違うこと」が、その特徴についての気づきを生む。例えば、同じ青色の中にも濃い、薄いなど色彩の違いがあることに気づき、それが群青色、紺色、藍色、水色など色の言葉への認識につながる。

違いへの気づきは、物事を丁寧に見られるようにするとともに、命あるものは一つ一つ、一人ひとり違うことへの意識やその受容を生み出す。

OECD国際幼児教育・保育従事者調査2018の結果※では「子どもたちはできるだけ早い時期に他の文化を尊重することを学ぶべきである」など、文化的多様性に取り組むことに関する園長の意識は、日本は調査国中で最も低い。「文化的多様性に

ついて、さまざまな民族や文化の人々が描かれた本や絵を使う」という保育者も5割以下である。

　身の回りの多様性を捉え、尊重する行為は、人間一人ひとりや物一つ一つの存在を大切にする心を育む。「ちょっと違う」が差別や偏見でなく、気づきいつくしむことにつながる保育は、「ちょっと」を見分ける、観る、聴くことを大事にする、思慮深い保育から生まれていく。

※　国立教育政策研究所（編）2020『幼児教育・保育の国際比較：OECD国際幼児教育・保育従事者調査2018報告書』明石書店

オンライン研修の可能性

　新型コロナウイルスの感染拡大を予防しながら、保育者の方々は子どもたちのために真摯に保育に当たっておられる。その中で日々の保育をより豊かにするために学び、語り合おうとされている。

　現在、人が集まって研修する場を設けることは難しい。さらに、業務が忙しくなり時間が取れない中でも、保育者が互いに写真や事例にコメントをして対面せずに園内研修を充実している園もあれば、自園の取り組みを外へ発信している園もある。

　オンラインによる研究会や研修会に参加して思うのは、デメリット以上にメリットも大きいということである。対面での研修のように、参加者が細かく表情をくみ取ってあうんの呼吸で会話ができたり、笑いが広がったりということは難しい。声の大きな人が先に発言権を取るとその話に流れやすくなるので、参加した全員の声を生かしにくい部分も出てくる。

　その一方で、移動時間や交通費がかからないため同じ興味・関心を持った人が物理的距離と関係なく対話できること、小グループで話し合う場の設定で偶然そこでしか出会えない人との対話が生まれる面白さ、録画をして見返すことができる再生の強み、その場の発言だけでなくチャットやホワイトボードへの書き込みも記録に残せる便利さ、書き込みには誰もが同じように参加しやすいなどの良さを感じるようになった。工夫次

第である。

　「事例や生の声を基に互いに自由に話し合うことが、自分たちの一番大きな学びになる。自分たちの手で、自由に研修ができる感覚を持った」と話した人もいた。学びを自ら創出していく研修は、保育の未来を豊かにしていくだろう。園のICT環境充実のため、国や地方自治体の一層の支援に期待したい。

子ども目線から見る保育

　先輩の元園長先生と、研修会でご一緒した。この先生が話してくださったことに、これまで私になかった、実践者としての心もちを感じた。それは「『子どもの目線から見て、教育の場として機能しているのか』という視座で保育室を見ているか」という問い掛けであった。

　具体的に挙げられたのは２点。１点目は「ピアノなどの上に、無造作に書類や関係のないものが置かれていたりしないか」ということ。「子どもが大事に作った作品で意味あるものや読んだ絵本をみんなに見えるように置くのはいい。しかし、楽器の上に、無造作に子どもと直接関係ないものを置いておくのはいかがなものか」ということであった。時に保育者の机などの上に、子どもと直接関係ない事務書類が置かれているのを見る。

　２点目は「保育室やそこから見える所に洗濯物を干したままにしていないか」ということ。「雨の日に洗濯物が室内に干してあったら家でもうっとうしい。小学校では教室に洗濯物は干さない」と言われた。そして「園は生活の場だからという感覚が、時に子どもから見て遊びの魅力あふれる場や環境よりも、保育者にとっての便利な場になっていないか」と問い掛けられた。

　この先生がかつて勤務されていた園は確かに、常に細やかに環境設定されており、子ども目線で整理、構成されていたのを

思い出した。その背景には、こうした心意気があったのだと感じ入った。

　以前、イタリアのレッジョ・エミリア市のマリーナさんが「日本の保育室にはなぜ室内にロッカーがあるのか。教育的に意味があるのか」と問い掛けていたことを思い出した。限られた空間に置かれたり、つるされたりしているものが子どもに意味あるものかを、心新たに振り返りたい。

共有の心もちに根ざすオンライン

　新型コロナウイルス感染拡大防止のための休園中や通常保育再開後も、園が知恵を絞り、オンラインでさまざまな取り組みが行われている。最近、実際に経験させてもらい、「いいな」と思った二つの体験がある。

　一つは、オンライン保護者会である。子どもは登園しているが、「密」を避けるために保護者が園内に入ったり、保護者同士で会話したりする機会が少なくなっている。その中で、園としてどんな衛生管理や配慮をしているか、家庭で何を注意すればいいかを話したり、それに対して保護者が意見を出したりする保護者会が、オンラインで行われた。

　父親、母親は傍らに子どもがいる中で参加している。保護者が感染予防のポイントを理解したり、「こんなに丁寧に園内の消毒や感染防止に向けた対応をしていることで保育者の業務が増えているなら、保護者でできることがあれば」などと感謝の言葉が交わされたりして、心温まる場面が数多く見られた。日頃の園と保護者との関係が表れ、より深まる時間となった。

　もう一つは、公開保育を動画でライブ配信し、園内の保育者と近隣園の保育者、小学校の教員が参加して行われた研修会。撮影者の視点で撮られた動画のため視野は限られるが、それでも生き生きとした子どもたちの姿がよく見える。事後の語り合いにも参加したが、そこでも双方向で対話することができた。

「こんな思いで工夫している」と伝えたいこと、学びたいことがあるとオンラインでの取り組みが機能する。共有の心もちがあるオンラインの取り組みと、単なる情報発信サービスは異なる。届けたい、支えたい思いが双方向にあってこそ、言葉が届き、心に響くと確信したオンライン体験だった。

コロナ下での保幼小連携

「3密」防止のため、今年はできない活動も多い。「園と小学校での交流や連携が今年は難しい」という話も聞く。しかし、そうした中でも、新たな工夫が生まれている。

ある園では、交流する小学校の5年生が学校案内の動画を作り、送ってくれた。園児たちは食い入るようにその動画を見つめ、何度も見たい部分を繰り返し再生していた。

例年夏に小学校の教員が園児のために行う実験教室も、今年は動画となった。これまでは教員の提案で園児も実験して遊び、それで終わっていたが、今回は見たい園児がリクエストして何度も視聴した。その結果、お化け屋敷ごっこで、実験教室での学びを取り入れた道具を自分たちで作る取り組みも生まれた。

園児たちが繰り返し視聴することで内容を深く理解し、実験を自分のものにできた事例といえる。手作り動画による工夫である。

子ども同士の対面が難しい中でも、交流に向けた工夫が行われている。ある園では「園児がガソリンスタンドの洗車機を作りたいがうまくいかない。どうしたらいいかを一人の小学生に訊いてみようと手紙を出す。その小学生は園児の頃から製作が得意。園に来てアドバイスを送り、助けてくれた。小学生は自信を持って活躍し、園児も思い通りの物ができて大満足」

という出来事があった。

　別の園では、園児が放課後児童クラブの児童に生活で困ったことをオンラインで質問し、回答をもらう。そのやりとりに両者が大満足した。物理的距離があるからこその質問と応答の関係である。

　メディアなどの工夫で、どう新たな出会いをつくるか。「withコロナ」の保育は子どものより良い経験の保障という原点に立ち戻る創造的挑戦を私たちに問い掛けている。

●── 開放感や共感生み、遊びがつくられる

廊下という場を見つめる

　「3密」を避けるため、園では保育室以外にもさまざまな場を活用している。例えば、廊下や階段の踊り場である。

　小学校では、廊下は通路であり、「走ってはいけません。右側を通りましょう」などと掲示している所もある。園では、廊下は遊びの生まれる場である。幼稚園施設整備指針にも廊下や階段に関して「安全性の確保に留意しつつ、幼児等が多様な活動、交流を展開する場としても活用できるように、廊下、階段等を計画することが望ましい」とある。

　保育室の積み木で線路を作っていた子どもたちが廊下にも線路を出し始めた途端、「長く線路をつなぎたい」「駅や斜面も作りたい」と活動がダイナミックになっていく。廊下が長いからこそ、「もっと」という思いが生まれる。

　また、クラスを超えて人が通るからこそ、廊下での遊びは広がりを見せる。両端にタワーや店ができ、物を載せた台車が往来することもある。

　「廊下で遊びなさい」という保育者は少ないからこそ、子どもにとって廊下は保育室とは異なる開放感がある場である。だからこそ、時にはいざこざも生まれる。

　『幼児の教育』1935(昭和10)年12月号に「廊下で」という倉橋惣三の文がある。

　「泣いてゐる子を取り囲んで、友達が立つてゐる。何んにも

しない。何んにもいはない。たださもさも悲しそうな顔をして、友達の泣いてゐる顔を見てゐる。なかには何だか譯も解らず泣きそうになつてゐる子さへゐる」

　この文の前には、教師に関して「随分いろいろのことはいひもし、してやりもするが、ただ一つしてやらない。泣かずにはゐられない心もちへの共感である」とある。廊下は子どもにとって「何もしない」が許され、群れて互いに共感を生む場なのかもしれない。

保育の写真から気づくこと

デジタルカメラの普及で、保育の瞬間を止めて見ること、それを同僚や保護者、子どもと気軽に共有することができるようになった。しかし、1枚の写真でも「そこに何を見るか」「どのように見るか」で、何が見えてくるか、見えたことをどのように語るかが違ってくるように感じる。そして、そこにある学びや気づきの質も変わってくる。

写真を用いた研修で「1枚の写真がどのように見えるか」を対話している間に、自分の「見え」が変わることに気づく経験を持つ人は多いだろう。それは、後ろにある文脈が読めてきたり、「物や場との関係」という、見えていないものが新たに見えてきたりするからかもしれない。

津守真先生が子どもを見ることを妨げるものとして「自らの目標に直線的に向かうこと、自分がしていることを中心にして見ること、『よい―わるい』など2分割概念をもって見ること」を挙げている。これは、保育への責任があるからこそ生まれてくる見方ともいえるだろう。しかし、それが時に、子どもを純粋に見ることを妨げることになる。

それに対峙するものとして、「現象として見ること」を津守先生は示している。そのために大切なこととして「子どもの生活に参与する中で見ること」「表現として見ること」「見ることへの緊張と解除をもって見ること」「子どもと同じ時間と空間

の中にとどまって見ること」「距離をおいて見ること」などを挙げている。※

　子どもたちに囲まれて忙しく動く日々の生活の中で、子どもを丁寧に見ることは難しい。しかし、振り返りで「見えてくる」経験の中に、保育者の専門性を支える醍醐味がある。「たった1枚、されど1枚」から語り合う中で、自分の見方の癖や新たな視点に気づく経験を大事にしたい。

※　津守真・津守房江 2008『出会いの保育学：この子と出会ったときから』
　　ななみ書房

デジタルツールの導入

　ICTを園務などに導入する園が増えている。園務管理には組織的に導入することが効率的である。

　しかし、保育にICTやデジタルツールを導入する時には「身近なところにある手持ちのものから始めることが、教育的にも保育者が自律的に使えていい」という話を伺うことが多い。日頃から使うデジタルカメラやスマートフォン、タブレット端末を子どもの活動の道具として共有することは、遊びや生活を豊かにするものとして生かせる。

　セットでシステムを導入すると、活用の在り方などをその業者や専門家に頼らねばならず、その園らしさが奪われる。学校のタブレット端末導入との違いである。子どもの直接体験をより豊かにするための道具として、虫眼鏡や図鑑と同じく、道具の一つになることが大切である。

　ある園で、ツバメが天井に巣を作った時の話。子どもが高くて見えない巣の中を見たい時、保育者が自分のスマートフォンを自撮り棒に付けて中の様子を撮影し、その写真をプロジェクターで映して子どもと共有した。子どもたちは、ひなの成長写真を小さい子にも見せたいと願い、映画館ごっこが始まった。

　別の園では、自分たちで育てているオクラが成長し、変化する姿を保育者が「タイムラプス動画」で記録し、子どもたちと共有した。この動画により、子どもたちは植物の命と成長を強

く感じ、より興味を持ち、関わっていった。

　デジタルツールが遊びの喜びや深い学びを保障する道具になるには、あり合わせの手のひらサイズの道具と、保育者の専門的判断からの出発が大事になる。子どもをデジタルツールの消費者ではなく、世界を探索・想像・創造できる市民として育てるために賢く使いたい。

行事の見直し

コロナ禍で、これまで秋に運動会を実施していた園では、開催方法や保護者ら参観者の制限などについて、園ごとに多様な工夫が生まれていた。クラス交代や学年交代で実施した園、動画配信を行った園など、地域や規模によってさまざまな工夫があった。

各競技の実施方法なども検討された。ある園では、リレーでのバトン受け渡しも感染予防の観点から考え、子どもたち一人ひとりがお手製の飾りなどを付けたバトンを作り、手渡しではなくバトンとバトンでタッチする方法を試みられたそうだ。

私も研修に関わらせてもらっている別の園では、今年は感染予防の観点から戸外保育を重視し、近くの河原などに繰り返し出掛けられてきた。そして今年はその川で流木を集めたことや流木を引っ張るのに縄を使った経験などを踏まえ、それらの素材を使って考えられた多彩な競技を行う運動会が開催された。河原で拾ってきた流木に縄を付けて引っ張る競技、大きな流木などの上を渡る障害物リレー、その地域の木や草などの素材を使った活動が行われた。使用したそれらの素材を含め、子どもたちの夏の思い出や経験が詰まっている遊びの延長にある運動会になった。

また、その園では今年、園庭の真ん中に築山を造ったが、それを上り下りするのも競技のうち。「平坦なグラウンドでない

とリレートラックが引けない」というような発想からの脱却である。

　園長先生は「これまでの保育者人生の中で経験したことのない運動会になった」と話されていた。コロナ禍をプラスにする行事の見直しを、よりその地域らしく、子どもの日々の経験に深く根差した活動にしていく契機にする、保育者と子どもたちの知恵にエールを送りたい。

応答性から互恵性が生まれる

　ある義務教育学校の、中学校家庭科の保育実習。園との交流授業が、今年はオンラインでの開催となった。4グループの中学3年生が5歳児2クラスに語り掛け、クイズ、紙芝居、絵本読み聞かせ、折り紙を園児に伝えている。よく考えられていて、最初のクイズでも、どの子も分かる問題から少し難しい課題へと進む。5歳児たちは夢中になり、食い入るように画面を見ている。

　「体育館の皆さん」「ホールの皆さん」とそれぞれの場所に対して声を掛けるので、園児たちも集中して聴いて考えている。「中学生から園児への一方向発信では」と心配して見ていたら、その流れを変えたのは園児たちだった。画面越しの中学生が折っている折り紙を自分たちも折っているうちに、園児同士で相談が始まる。次に園児が「そのとがった所はどうやるんですか？」と質問した。園児たちは画面越しでも、自分たちも折ってみるからこそ自分ごととして見ており、見たいから画面に近寄ってくる。中学生は「こうだよ」と教え、そこから新たな動きが始まった。

　平成8年からの研究開発学校で、幼小連携のキーワードとして私が編み出した言葉が「互恵性」である。ここでも、それが見られた。大人はよく互恵性を語るが、それは子どもの主体性によって生まれる。予定通りではないから共に考え、真の

対話になる。

　この義務教育学校では、学区のもう１園とも交流している。当日は他にも、小学１年生の授業参観を学区２園の保育者も共有し、授業検討も行われた。声を掛けた校長先生、それを前向きに受け入れた学区２園の園長先生、支える教育委員会。学区全体でコロナピンチを乗り越え、語り合う姿に、応答性から互恵性が生まれると感じた一日だった。

季節の恵みが彩る保育

　ある動画では紅葉やドングリ拾いなど、子どもたちが四季のある日本ならではの秋を楽しむ活動が行われているシーンを紹介している。3歳児の男の子が、ひたすらドングリの皮をむこうとしている。彼は夢中になり、1時間近く続けている。指でむこうとしても、うまくはいかない。その後、近くで見つけた小さなカボチャでたたいてから、ドングリをむいてみる。すると、皮がむけることに気づいた。ハンマーのようにドングリをたたく道具としてのカボチャの存在。彼はむけた実を容器に入れ、「ブラキオサウルスのおやつ」や「ギンギン宝石」と名付け、大切に、慈しむように見ている。

　レゴ財団は「遊びの未来」という報告書で「遊びでは同じことを夢中で繰り返すことの中で『もっと』という願いが生まれる。それがその対象への注意深さを生み、よりその特徴や特性を知ることになる。そこから知識や技能の深まりが生まれ、そこに挑戦が生まれていく」と、繰り返される遊びの醍醐味を述べている。※このシーンを見ると「夢中になることが深い学びを生み出す」と実感する。

　この経験が知らない間に手先の器用さを育てるとともに、道具を使う必然性や道具を編み出す着想を生む。新たな組み合わせの中で実をむく方法を理解して自分のものとし、多くの大事な実を手に入れたからこそ、その子から「宝石」という言葉

が出てきた。他園でも、2・3歳児でドングリの皮をむこうとする子がいるという話も出ていた。

　子ども自らが対象と関わり生み出す深い学びの経験を保障しているか、立ち止まって考えてみたい。夢中になっている子の傍らで目を留め、青空の下で深呼吸しながら、季節を共に味わいたい。

※　Lego Learning Institution (2015) *Future of Play: Defining the role and value of play in the 21st century.*

がんばりへのリスペクト

　私たちが執筆した『園づくりのことば　保育をつなぐミドル
リーダーの秘訣』（丸善出版）の中で、特に好きな言葉の一つ
が「がんばりへのリスペクト」だ。園長がミドルリーダーを、
ミドルリーダーが若手をリスペクトできる園は穏やかである。
園風土が温かいと思う園に共通する目に見えない心遣いだと
私は感じる。

　園長が保育者を称賛、評価し、承認するという関係と「リス
ペクト」の関係は異なる。職位などに関係なく、上位の人が
自分より経験が少ない人に対して「その人ならではの良さ」に
敬意を表せる関係が生まれ、その思いを素直に感謝やねぎらい
の言葉として伝えられる関係があってこそ、信頼関係が構築さ
れる。

　「保育者が主任や園長を尊敬することで、若手がついてくる。
それがリーダーシップ」と考える人は多い。しかし、園長や主
任が若手に「すごい。自分にはできないことを頑張ってやって
くれる。ありがたい」と思い、敬意を感じられた時、それに対
して若手もまた、園長や主任をリスペクトする関係が生まれ
る。こうした関係は、リスペクトを与えることから始まる。

　年齢が小さいほど、子どもの成長は大きく感じられる。保育
者が最も伸び盛りなのは若手で、新たな学びや試みの風を入
れ、風通しを良くしてくれるのはミドルリーダーである。その

保育者の頑張りや成長こそ、伸びゆく乳幼児を生き生きと育む泉となる。

　倉橋惣三は著書『育ての心』で、子どもについて「自ら育つものを育てようとする心」を説いた。私は園長や主任が保育者に対し「自ら育つものを育てようとする心」が生まれるのが大事と感じる。コロナ禍でストレスの多かった昨年（2020年）が終わり、今年（2021年）は共に働く仲間への感謝とリスペクトが豊かな年でありたい。

保育ビジョンの具現化

「どんな保育をする園でありたいのか」というビジョンや使命感、願いを持って園運営を進めることは園長のマネジメント力とよくいわれる。その中で、実際に「いいな」と思う園を拝見させてもらうと、園長や保育者の中にビジョンを日々の保育実践の中で具現化できるデザイン力があると感じる。

「子ども主体、子ども目線、子どもを真ん中にした保育」という理念は語られる。それだけでなく、ある園では「毎月１日は子ども目線になる日」と決めてカレンダーに書き込むことで、保育者が気を引き締め、原点に立ち戻るきっかけを与えている。別のある園では、研修で保育者が子どもの視線が分かるお面をかぶってみる体験をすることで、具体的に子どもにはどのように見えているのかを経験されている。そうすると、どんなふうに保育者が動いたり、物を配置したりしないと、子どもに合っていないかに気が付く機会となっている。

また別のある園では、保育者が毎月、自分のお気に入りの写真を保護者や子どもが見える場所に掲示している。それによって、園がどんな姿を目指しているかが具体的に見えるようになっている。また、園の遊びが家庭の遊びとつながるように、園の遊びの名前と具体的な遊びの様子、必要な素材などの説明を書くことで、家でもやってみようと話がつながる。保育の「見える化」は近年よく言われるが、それはドキュメンテーショ

ンを作ることだけではない。

　保育は身体化された行為になって初めて動き出すものであり、デザイン力のセンスが問われる。保育者からの提案もあれば園長のアイデアもある。その園ならではの具現化が、園を協創的で笑顔があふれる場にしていく。その知恵を、今年も生み出したい。

差異を感じ取る繊細な感性を育む

「泥場の泥をバケツに入れた後、そこに水を入れて両手を浸し、水面を平らにしている。そして、また次の土を足して平らにして…」という行為を繰り返している、ある園の３歳児Ｎ君。「タプン、タプン」という感触を楽しんでいる。

傍らで保育者が「感触、うまく言えやん。タプタプ」とＮ君の行為に応じて、彼にだけ届く柔らかな声でつぶやく。Ｎ君はいい笑顔を浮かべ、土と水の入ったバケツで繰り返しその行為を行っている。こうしたことを繰り返したＮ君は何日間か取り組んだ後、自分で区切りをつけ、他の遊びに移っていったという。

この場面で、保育者は「掛ける言葉に迷った」と言われた。３歳児ほど、保育者の一言が子どもの遊びを方向付けたり、子ども自身の思いと違う方向に導きやすかったりすることを自覚されているからこそ、いかに声を掛けるか迷いながらの言葉だった。

感触は言葉では表現できない。だからこそ、Ｎ君は水と泥が混ざり合い、面が平らになることを楽しみ、少しずつ土や水を順に入れて感触を感じ取っている。Ｎ君は言葉では表せない微妙な変化を感じ取り、集中できるからこそ、繰り返しが楽しめる。

大人は子どもの行動の変化で遊びの展開を捉えやすい。しかし、言葉にできない行為を夢中になって続けることは、差異

を感じ取る繊細な感性や観察眼を子どもに育んでいる。保育者も擬態語で感覚を共有した時、子どもと同じ地平に立つひとときがある。

　繰り返しに見える時間をたっぷりと保障することは、目に見えにくい差異を感じて予想し、行動する知性と感性を育てる。変化を急ぐより、子どもの心に満足と実感を生む保育者の在り方を日々の保育の中で大事にしたい。

「なんでやろう」の立ち位置

　5歳児が水にさまざまな物を浮かべたことから、自分で作った船を斜面で滑らせて簡易プールに浮かべることへと発展していくという実践記録を読む機会を得た。

　子どもたちが「浮く？　浮かない？」と試行錯誤する中で、浮かぶ物と浮かばない物への気づきが生まれた瞬間を捉え、保育経験2年目の保育者は「なんで浮かばへんのやろう？」と問い掛ける。子どもは「重いのは浮かばへん」と言いつつも、形や向きなどを試し、同じおもちゃでも浮いたり沈んだりすることに気づいていく。また、船を斜面で滑らせようとすると、全く滑らない。「なんで？」という子どもの声とほぼ同時に、保育者も「なんで？」と声を発する。

　保育者の「なんで浮かばへんのやろう」「なんで？」の言葉は、子どもに疑問が発生したことを捉え、その気持ちを代弁するように発せられている。その言葉を聴くことで、子どもたちにさらなる試しのアイデアが生まれていく。

　保育者が発する「なぜだろう？」には、二つの立ち位置がある。あらかじめ子どもたちに気づかせ、考えさせたいと意図して問う「なぜだと思いますか？」と、子ども自身が現象の不思議に触れ、その疑問を解き明かしたいと願ったときに保育者自身も同じ現象を見つめ、疑問に共感し、思わず口をついて出る「なんでだろう」「なんでやろう」である。

「なぜ」「なんで」という同じ表現だが、保育者の立ち位置や目線が異なる。不思議を共に注視し、その行為を共になぞり、疑問を捉えようとするとき、子どもに予測や「もっとこうしたい」という願いや工夫が生まれる。

　これは、保育経験年数が長ければできることではない。驚きに共に心動かされる保育者の感性と探究が、子どもの願いと創意工夫を支える。

子どもの見る景色

　各園にドキュメンテーションや園便りを共有してもらい、みんなで学び合うオンライン研修を行っている。参加者からは「他園のものは見たことがなかったので、刺激になる」「参考にできる」などの声を頂いている。

　その研修の中で、違う自治体にある二つの園がそれぞれ紹介した記録に共通性があり、私にとって「なるほど」と思えるものだった。

　一つは「赤ちゃんの視る景色」と書かれた、宮崎県のある保育所の乳児クラスの記録。０歳児クラスの赤ちゃんがベランダの木陰で、心地よさそうに上の方を見ている。そして保育者も一緒に眺めている。「目にやさしい暮らし」という題で「青い空、木々のグリーン、光と自然の中にステキな景色がたくさん広がっています」と書かれている。

　子どもと共に、保育者もゴロンと寝そべって見た風景。それを意識して見ることで「キョロキョロしながらいろいろな角度から刺激をもらっています」と、子どもの動きと心を合わせている保育者のまなざしが感じられる。

　もう一つは、東京都のあるこども園の５歳児クラスの記録。一人の子どもが、公園の木々を見上げている。保育者も傍らで一緒に見上げる。子どもが「たいようはすてきなヒーローだ。だってこんなにきれいなはっぱをうみだしてくれて…きれい

すぎてまえにすすめないよ」とつぶやく。

　一緒に木々を見上げ、耳を傾けることで聴こえてきた声は、子どもが自然の美しさに心が触れる瞬間。せわしい大人は見えていても感じられない美しさに、子どもから気づかされる時間。子どものたたずむ理由がここにある。

　豊かな園の暮らしとは何か。子どもの感性に感心する記録は、静かで落ち着いた中で私たちに語り掛けてくる。

ひな人形の共同製作

　ひな祭り。多くの園がひな人形を飾り、その製作をしたり、集会をしたりする。その中で、4年前からの工夫を拝見し、「すごい」と感心している園がある。

　保育者が製作方法を示し、年齢によって違いをつけ、ひな人形製作に取り組む園は多い。しかし、この園は本物のひな人形の段飾りを飾るだけでなく、それを見て5歳児が分担し合い、本物らしくひな人形と段飾りを作って共同製作していくプロジェクトである。

　この試みは毎年、さまざまに工夫され、質を上げている。例えば「『ぼんぼり』を作るため、カップ麺のカップを組み合わせ、そこに赤い毛糸を付けて本物らしくする」「道具に描かれた蒔絵なども、実物を見て、金銀の色紙をちぎって本物らしく作る」「付けた飾りを見えやすくするにはどうしたらいいかを考え、その上に毛糸を付ける」など、子どもたちがそれぞれ、自分の製作を生かしていく。五人ばやしも「笛を持つ手をどう付ければいいか」などに子どもの試行錯誤と工夫が見られる。

　今年は、その製作プロセスを記録したドキュメンテーションとカレンダーをちょっと一息つける場所に掲示し、子どもたちも見られるようにする環境を設定。子どもたちが見通しを持ったり、工夫を共有したりできるようにもしている。

　そして、保育者自身も毎年取り組んできているからこそ、

今年の子どもたちの工夫を見つけ、そこに子どもの創造力と可能性、この活動の面白さを見いだしている。

　「当たり前を見直す」ということは、保育でもよく言われることである。一つの行事から、マンネリを超えた質の向上の可能性を学びたい。

●——「託す」ことで卒園児は思い切り巣立てる

別れのセレモニー

　ある園長先生が「託す」と題してウェブサイトに上げられた、卒園式予行演習の日の出来事。園庭の自分の宝物置き場を「空っぽにするように」と担任保育者に言われ、1人の5歳児が白砂に石灰を混ぜ、真っ白にして保管していた宝物を砂場に捨てに来た。

　しかし、捨てるのを思いとどまり、近くにいた3歳児に「これ、いる？」と声を掛ける。3歳児は「うん」と答え、その容器を受け取った。「すごいものをもらってしまった」と思ったのか、3歳児の動きが止まる。5歳児は「早く隠せ」と言い、3歳児は自分の宝箱置き場に入れに行った。大切に集めたからこそ、簡単に捨てたくなかった気持ち。その子に託せば、これからも大切にしてくれるという気持ちが未来へと続く。園長先生は「本物のお別れ会のセレモニーを見たような気がした」と述べられている。

　子どもたちにとって園の宝物は、遊び込んだプロセスの証しである。片付ける対象にしか見えない物の中に5歳児の思いやプロセスの重さを感じ取れるからこそ、3歳児は大事にそれを受け取り、「託し―託される」関係が生まれる。この園長先生は、それを「別れのセレモニー」と語る。この姿から、子ども同士が目に見えない大事なものを託し、託される中で園文化は続き、つながれていくと感じる。

園文化は大人がつくるものと語られがちである。だが、子ど
もこそ、園文化を協働してつくり上げる主体である。大事なも
のを託すことで卒園児は次の扉を開け、思い切り巣立つことが
できる。託された側もそれを受け止め、なぞりながら、遊び続
けていくだろう。

　全国の多くの園で5歳児から4歳児，3歳児へ、退職者から
次の世代の保育者へと託される見えない宝物を心に刻み、大事
にしたい。

始まりの1カ月

　新年度が始まった。子どもにとっても保護者にとっても、新たな環境との出会いは期待と不安の一歩である。生まれて間もなく園に来る子もいれば、1歳や3歳になって入園する子もいる。スタートの状況もそれぞれである。

　朝は泣く子も多い。その中で、保育者は最初だから泣いて当たり前という発想ではなく、「どうしたら子どもが安心できるか」を考え、抱っこしたり、環境構成を工夫したりするなど、身心共にフル回転で子どもの安心感を生み出すために力を尽くされている。

　ある園は「保護者の方がお子さんと一緒に不安になってしまうと、お子さんの不安な気持ちを倍増させてしまいますので、『いつか慣れるさ』『大丈夫、大丈夫』というくらいの気持ちでいてくださるといいかと思います。笑顔で帰ってきていただき、たくさん抱きしめてあげてください。朝はあまりいつまでも心を残さず、さらっとお預けになった方が、お子さんの切り替えも早いことが多いです。園で頑張っているお子さんをおうちでたくさん甘えさせ、たくさん受け止めていただければと思います」という園便りを出している。

　始まりの時期に保育者との関係をどうつくっていくか、安心の輪を家庭と園がいかに共につくっていくかを語り掛けるのも園の知恵だろう。

ふと見ると、泣いていたと思った子が園庭の小さな花や虫、石、室内の物など、大人も気づかないものを見いだし、次第に夢中になっていく。

　保護者が連れて行かねばならない所から、子どもが「明日も行きたい」と思える場になるように目を配り、言葉を掛けて気遣う時期。園が同僚職員同士、そして保護者と支え合い、喜びを分かち合い、心和む場になる始まりの1カ月を大切に過ごしたい。

自然と出会う子どもの感性

　さまざまな木々や花が芽吹き、成長する、新緑の美しい季節。青空の下で戸外に出ると、新型コロナウイルス感染症への対応が始まった1年前からの時の流れを思い出す。日々は過ぎ、語らぬ植物もいのちのサイクルが続き、新たな循環を感じる。

　ある子は、花びらを小さな指先で大事そうに持ち、そっと仲間と見つめて「きれい」を感じている。タンポポの綿毛を見つけても、そっと息を吹き掛けてみる。

　子どもは植物の「いのち」を感じているからこそ、そっと丁寧につまみ、手のひらに乗せたりして関わる。大人に言われなくても、いのちに関わる所作を身に付けている。

　ある子の上着のポケットには、1本のタンポポの茎がしまってある。綿毛が飛んでしまっても「大事にしたい」と思ったから、ポケットに入れたのだろう。後で大人がその姿だけを見ると、しなびた茎が見えるだけだろう。しかし、子どもの心には、空に飛んでいった綿毛が刻み込まれている。摘んだシロツメクサのブレスレットは、子どもの宝物として輝いている。

　子どもたちの目線は、大人には見つけられない「いのち」を捉えている。ある子が登園途中に珍しい色の葉っぱを見つけ、登園後すぐに担任保育者に伝える。保育者が掛けた「どこで見つけたか、地図に描いてよ」の一言から、その地図を基に葉っぱを見つけようとクラスで散歩に出掛ける。大人なら通

り過ぎてしまう道端の葉にも、子どもたちは確かに出会い、その子ならではの発見をしている。

　子ども目線でいのちあるものと出合う。柔らかくしなやかな感性があるからこそ、芽吹きのいのちと子どもは出合える。その姿を見守り、私たち大人も共に、自然の恵みを満喫したい季節である。

育ち合い、学び合う共同体

　山あいの小さな幼稚園。地域の人は、どこかに行く時にローカル線を使う。園児がみんなで駅に行き、3歳児は切符を持つ経験をしたり、4歳児は数駅電車に乗って幾つかの駅を観察したり、5歳児は駅に来る大人にインタビューをしたりした。

　そこから、子どもたちの遊びの世界がどんどん広がる。線路や駅舎を積み木やブロックで協働して作る子どもたちもいれば、色テープで線路を表現する子もいる。切符を作り、切符売り場での対話が始まる。運転手や車掌の洋服や帽子をハンガーから取り、なり切って遊んでいる子もいる。園内は、駅と電車ワールドとなっている。みんなが夢中になり、自分が選んだことに取り組んでいる。

　ドキュメンテーションとして、これまでの活動が大きな模造紙に写真で示されている。それを欠席した友達に「こんなことをしたんだよ」と他の子が伝え、伝えられた子は何をしたいかを尋ねている。ドキュメンテーションを子どもも、保護者も、各クラスの保育者も歩みを共有するために使うことで、「今度はこんなことをしたい」と、遊びが広がっていく。

　これは台湾の新北市とオンラインでつないで私が講師を務めた、研修での光景である。台湾は年度開始が秋なので、あと数カ月で学年末となる風景である。参観した保育者や小学校教師も一緒に特定の子どものエピソードを具体的に語り合い、

理解を深めている。

　みんな笑顔で詳細に語り、その経験の意味を共有している。園内が一体となり、夢中になっていることが電車ワールドになり、みんながつながり合って探究し、語り合う。ここに育ち合い、学び合う共同体がある。コロナ禍でも国境を超えて通じ合う心があると感じた一日だった。

オンラインによる保幼小連携

　ある小学校がその学校に園児を送り出す全ての園に声を掛け、14園の保育者がオンラインで子どもたちの入学約1か月後の様子を参観する場を拝見する機会を得た。

　1年生3学級の授業は1学級15分ずつ、子どもたち一人ひとりの様子がわかるように撮影している。各園の主な参加者は園長や昨年度5歳児担任で、同時配信された映像を園で視聴する。その後、1年担任の教員が4月に実施したスタートカリキュラムの内容を説明し、各園の保育者が感想や意見を交換した。

　まず「学校でも落ち着いて過ごせていて安心した」「園の時の様子と変わらない。その子らしい素を出せていてよかった」などの発言が、子どもの名前と共に出てくる。中には、卒園児1人だけが入学した園もある。そうした園の保育者も送信されてくる授業画面の中から卒園児を見つけ、その子がどうしているかを注意深く見守ったことが伝わってきた。

　保育者たちは小学校側がどんなスタートカリキュラムを行っているかの詳細を知らなかったので、内容を聞いて理解を深めたことで「いいですね」「園でやったこととつながっている」「糊の指導は園でも行っていますよ」など、つながりの話も出てきた。

　そして、子どもの様子だけでなく、気になる保護者の話を担

任教員に聞いたりするなどの情報共有もなされた。保育者が要録に書いたことで小学校の教員が指導に活用していること、要録に書かれていると小学校としてありがたい内容、外国籍保護者への伝達のコツなどの情報も交換された。三密を避けるために開かれたオンライン参観は、園と小学校がより親密に、本音で言葉を交わす、互恵的な保幼小連携となっている。今後も毎年続けてほしいと願うアイデアと姿だった。

Ⅱ

子どもたちに向けられた
希望の物語りへ

I これからにもとめられる資質能力を育む幼児教育

1 「もとめられる資質能力」が「育つ」ために

　情報化やグローバル化等の進展に加え、新型コロナ感染拡大によって、予測不可能な状況や変化が社会において生まれている。新型コロナの影響で少子化に拍車がかかる中、生まれた時からデジタル環境に囲まれた「デジタルネイティブ」と呼ばれる子どもたちの時代になってきている。保育者や保護者が自分たちの子ども時代を当てはめて考えるだけではなく、これからの社会を見通し共に語り考えることが、子どもたちの今の幸せ、さらに未来に続く社会の幸せのために必要となっている。

　令和3年1月に「「令和の日本型学校教育」の構築を目指して～全ての子供たちの可能性を引き出す，個別最適な学びと，協働的な学びの実現～（答申）」が文部科学省から提出された。

　報告書の幼児教育該当部分では「急速な少子化の進行，家庭及び地域を取り巻く状況の変化等が複合的に絡み合い，幼児の生活体験が不足しているといった課題も見られる。幼稚園，保育所，認定こども園といった各幼児教育施設においては，集団活動を通して，家庭や地域では体験し難い，社会・文化自然等に触れる中で，幼児期に育みたい資質・能力を育成する幼児教育の実践の質の向上に一層取り組んでいく必要がある。」と記されている。つまり、もとめられる資質能力を育むために「家

庭や地域では体験し難い、社会・文化自然等にふれる経験」とは何かを考え、その経験の保障が問われている。

　OECD Education 2030と呼ばれる、これからの時代の教育を考えるプロジェクトでも、子ども一人ひとりの幸せ、ウェルビーイング（Well-being）の実現のためには、子どもが「自ら主体的に目標を設定し，ワクワクしながら見通しをもって、行動し、振り返る」プロセスが重要であり、そのプロセスの積み重ねを通して「責任を引き受ける、新たな価値を創造する、対立や緊張や葛藤の折り合いをつける」といった資質能力が、これからに求められる資質能力として育つとされている。その資質能力こそが、持続可能な社会や地球環境を育み、個人と社会のウェルビーイングを共に可能とする資質と想定されるからである。

この姿は園での日々の出来事の中で見られるものである。子どもたちが遊びの中で「もっと！」「今度はこうしてみたい」「なんで？」と感じ考え、あこがれたり不思議を探究したり、こうなってほしいと願う姿である。偶然やなんとなく始めたことに、次第に夢中になることでその子としての願いや見通しが生まれ、さらに新たな見立てや発想が表れる。遊びこみ、その中で「ああ、おもしろかった、おしまい」と遊びの終いを自らつけ、達成感や自信が生まれる。

　時に仲間の思いや意見と異なりぶつかるときに、手が出たり涙が出たりするが、そこで自分の感情と向き合うことで辛抱したり調整をしたり相手への理解や共感も生まれる。同年代との日々の交わりだからこその、葛藤や衝突経験があり、年下始め多様な子がいるからこそ相手の立場も考え、折り合いをつけ

る必要性も経験できる。それはこれまでもこれからも園の日々の暮らしにもとめられ、生涯にも必要となる経験である。

それらは非認知能力や自己調整能力、創造性などの言語ラベルをあてはめて説明することはできる。だが、大事なのはその体験の繰り返しやその子にとっての経験深さであり、具体的なありようである。

「これからの社会に求められる資質能力として＊＊が大事だからそのために何をすればよいのか、そのために＊＊する」という将来から今をみる発想や、「＊＊遊びは＊＊能力につながる」という語りではなく、目の前の子どもがわが世界を生き生きとその子らしさを発揮して遊びこむ経験をどのように保障し、その経験の価値を見出し意味付け、その姿をより一層引き出す環境や関わりを創意工夫することが大事である。

日本型学校教育は「知徳体」を戦後一貫して大事にしてきた。5領域のバランスの良い経験は専門家としての教師がカリキュラムマネジメントして保障するからできることである。

2　飽きることのない遊び経験

その子にとっての「経験の深さ」とは何だろうか。飽きる、あきらめやすい時は、子どもはその経験に出会えていない、あるいはこだわりがもてていないので次々ネットサーフィンするように目移りする。それに対して、飽きることなく行っているとき、子どもは大人には見えないものを自ら楽しんでいる。

ある3歳児が泥の入ったバケツに繰り返し手を入れては触っている。また土を入れたり水を足したりしている。それは大人に

は一見「繰り返し」にしか見えない。しかし飽きもせず行っている時には、そこに子どもなりの思いが生まれている。試行錯誤が生まれ、より精緻な技へと向かっている。泥と水のよい加減を探ったり、水と土のやわらかな感触や水の染み込みの差異を感覚的に感じている。

　子どもは見えないものやわずかな差異に心を奪われその子なりのこだわりや予想・予測をもち関わっている。だから夢中になれるし遊び込めていく。かっちりした細い剣のような棒が作りたくて広告紙を何度も何度も巻き直している子どもには、自分がねがう堅さや棒のありようがあるからこそ、ぶかぶかではなくもっと固くしたいと、大人に言われたわけでもないが何度も何度も巻き直していたりする。完成した棒だけをみても、このプロセスの中でこそ求められる資質能力がゆっくりじっくりたっぷりと育っていくのは見えるわけではない。「紅葉が色づく瞬間を見た人はいない」と言われるように、気づくと育っているというのが育ちゆく姿の現実である。求められる資質だから育もうと計画しても、育めるものではない。そこには、その子どもの意志やこだわりがある。「主体性（agency）」は本来的に人間一人ひとりが生得的に有している尊厳である。「主体性」の種は、保育者が蒔くのではなく、子どもそのものが有している。人は生まれつき、胎内で生を受けた時から主体である。主体性は育まれるのではなく、その子に備わっている。乳児期から主体としてまわりの世界とその子らしく関わる存在である。しかしそのありようが周りの大人や仲間との関係や環境によって阻まれ抑制されることで十分に発揮できない

と育ちの危機に向かうことになる。

　故津守真先生は、子どもの「存在感、能動性、相互性、自我」が否定されるとき発達の危機が生まれると述べている。私たちはこの４点を生かせる環境や関わりを保障していくことが大切なのである。その時に子どもたちは安心感居場所感を得て、夢中没頭し、遊び込むことができる。

　遊びやくらしの中で、それぞれの子の主体性の種がおのずと芽を出し伸びる環境や経験を、教師もまたその教師らしい主体性をもって、その園ならではの環境や遊びを活かして創意工夫

し探究をする。子ども同士、教師も共に探索や探究し始める共同主体性（co-agency）の関係を大事にしたい。

3　経験が一層深まる工夫

　経験や環境の質、遊びの深まりや展開がつながる経験のための、共同主体性の発揮を私が学んだ事例から紹介し考えてみたい。これは林間のぞみ幼稚園４歳児クラス担任の坂井祐史先生の実践記録からのものである。２学期に手作りの聴診器でお腹の音を聴いたり、体温計で熱を計ったり、注射をしたり、お腹の中の赤ちゃん（ぬいぐるみ）を産んだりして遊んでいた病院ごっこが、次の３学期にも始まった。先生は以前よりもさらに面白い遊びになればと願い、子どもたちの遊びの流れの様子をよく見ながら、子どもたちは園ではこれまでに経験していない新たな小道具を準備された。段ボールの箱のふたを開けると、あばら骨などの白い骨が黒い紙の上に描かれたレントゲン機器を作って、「骨折してます！」と遊びに加わり語ったり、子どもが横になって「入院です」という設定になったところで「栄養を入れますね。チクッとしますよー」と点滴のイメージをペットボトルを逆さにして子どもと一緒に作ったり、シーツを切って包帯を作り環境として出された。するとそれが契機になって２学期とはまた新たな展開が子ども自身の手で生まれていった。先生は４歳の子どもたちがレントゲンも点滴も包帯も知っていることに驚きつつも、その子どもたちが既にもっている経験とつないだより精緻な遊びにしていくことでさらにイメージが展開していった。

また問診票やカルテも字が書ける子どもが作り始めたのをみて、子どもが作ったそのカルテを参考にして「あてはまるものに○をする」形の問診票もつくることで、字がまだ書けない子でも丸を付けて楽しみ参加できるようにした。「どこが具合悪いんですか？　いつからですか？」などという会話が自然に生まれる。大事な点は、先生が物を出したり関与するタイミングである。決して先に出して説明をするのではない。まさにここという見極めがある。「あっ、これ知ってるー！」と、すぐに自分たちの遊びの中にそれを取り入れる子、その様子を見て仲間に加わる子も増えていく。

　この小道具がきっかけになって今度は子どもの方からも、熱冷却シートや酸素吸入マスク、パソコン、入院食、車いす、救急車、薬、そして白衣の衣装など、どんどん子どものオリジナル

アイデアが出てきた。子どもから「こういうのも必要じゃない?」と医療道具を作り、遊びの設定を自分たちで取り入れていくようになった。

　クラスの子たち皆がいろいろな形で巻き込まれることでさまざまな発想が展開する。先生が示すのはお手本ではなく、子どもたちの遊びの世界のイメージをさらに膨らませていく刺激やきっかけである。レントゲン機器を使うと「骨折」というキーワードが出てくる。患者役の教師が「どこの骨ですか?」と聞いたところ、お医者さん役の子に「足です」と言われる。そこで先生は骨の仕組み図鑑から骨の図を出すことで、体のつくりへの意識が高まっていったりする。さらにこの遊びは別の子どもたちが行なっていた遊園地ごっこともドッキングして、遊園地の中の医務室という想定も生み出していったりもした。

　冒頭に述べた「集団活動を通して,家庭や地域では体験し難い,社会・文化自然等に触れる」ということは、社会文化自然等にふれる環境を保育者があらかじめ設定しておくことだけを意味しない。子どもたちが生活者として日常経験している、ここでいえば病院やお医者さんの本物の経験を活かしつつ、それを園の子どもたちが遊びとしていく時にもっと面白くなるための手がかりを、子どもの状況をとらえ示すことで子ども自らがそのものにより深く関わっていくようになる。先生はこの活動の中で子どもたちから「遊園地に病院ってある?　スマホで調べて!」と言われて、自分のスマホでその場で検索して示すことでそれが次の遊びへの転機にもなっていった。デジタ

ル時代だから保育室にパソコンやタブレットを置いてというのではなく、生活の中の道具としてデジタル機器もあるものを活かすことで、それがさらに遊びを豊かにしていく経験ともなっている。ICT機器ではなく直接体験だけが幼児期には必要というのではない。現在の生活経験と園の生活をつなぐことで、より一層深い経験の質を保障することができていく。

　自然環境でも同様である。子どもたちは大人が気づかない小さな虫や小さな花、アリの巣穴などをみつけるのが上手である。そして飽きもせずみつめたりしている。時にはそれをタブ

レットで撮ったり電子顕微鏡を巣穴に入れてみることで、自然との驚くような新たな出会いが始まったりもする。

　これからに求められる能力は、子どもにだけではなく教師にも生涯求められている。ワクワクする遊び心を持つゆとりや自由な発想をもつしなやかさや創造力。園のくらしを作り出す楽しさを子どもと、さらに教職員や保護者がチームとなって分かち合うことで喜びの輪はさらに大きくなる。この子たちがこんなにおもしろい着想でこんなことをやりとげたという経験だから伝え分かち合いたくなる。園はワクワク感の源である。

　「教師とは、子どもの成長に幸せを感じ、そのことでみずからも成長できる専門家のことである」(秋田、2012)。これからにもとめられる資質は、子どもが遊びに浸りきって満足できた

笑顔に教師相互も幸せを分かち合う状況の中で生まれる。多忙で心を亡くしがちな日々だが、未来を見据え子どもたちへ託す希望を語りあえる保育に取り組みたい。

引用文献
坂井祐史　2021「乳幼児期からの深い学びを支える環境と素材・メディアの分析」(財)日本教材文化研究財団保育部会提出資料。
津守真 2002「保育の知を求めて」教育学研究,69(3),357-366.
秋田喜代美　2012　『学びの心理学』左右社

II　日本の新たな保育の物語りへの希望

1　はじめに

　英国ロンドン大学のピーター・モス教授とスウェーデンストックホルム大学のダールベリ教授の『質を超えて』の本は国際的に広く読まれている。私たちは彼らの思想から何を学ぶことができるだろうか。そして日本の保育の新たな可能性とどのように私たちはつないで考えることができるだろうか。私自身はモス教授の言葉を復唱し、レッジョ・エミリア市の取り組みやスウェーデンの実践のみを良しとするということではなく、モス教授の思想や哲学を私たちはどのように受け止めるのか、日本の歴史や社会文化的文脈の中で、モス教授の提示する問いを考え続けることが大切であり、それを引き受ける応答責任が私たち一人ひとりに問われていると思う。そこでここでは「質を超える」もう一つの物語りとは何か、それを私たちはどのように引き受けていくことができるのかを考えてみたい。

2　「質を超える」もう一つの物語りとは

　まず、支配的(dominant)なストーリー(言説)ともう一つ(alternative)のストーリー(言説)という考え方である。モス教授は、保育をサービスとして捉え、投資効率を示し、標準化した基準により保育実践を単純化し、成果の外部からの評価により、管理・統制・改善するPDCAの近代産業の工程管理モデ

ルで保育の質をとらえる新自由主義の市場型の保育のあり方
や、そのエビデンスを示すことを大事とする教育経済学的な志
向性やその知見にもとづく単一の改革モデルに対して、異を唱
えている（Moss, 2019）。そして、それに対し、市民が参加し対
話を通して経験の意味を生成し、各地域で一人ひとりが主体性
をもって、民主的に集団的な意思決定と判断を行っていくとい
う哲学を共有しながら、各地域の歴史的文脈に基づく多様な改
革の姿を唱えている。そしてその例として、イタリアのレッ
ジョ・エミリア市の取り組みやスウェーデンでグニラ・ダール
ベリ教授らが取り組むストックホルム・プロジェクトなどを挙
げている。品質管理の近代産業主義の発想を超えたポストモ
ダンの保育哲学と言える。

　では、我が国の支配的な言説とは何だろうか。待機児童対策

として、施設や保育士の量的不足とその対策の言説があり、その上で質も確保できているかを評価し管理する、そしてさらに向上を考えるという議論がなされている。すなわち、質は量に従属する言説となっている。そこで想定される待機児童は、人口集中地域の都市部の状況が想定され、人口減少地域の言説は、この支配的言説には含まれることは少ない。そして補助金を求める政治家や団体、施設の声、保育サービスを受けたい親の声は政策の場に届いても、実際に保育を行っている保育者や看護師、栄養士などの職員の方々、園で生活する子どもたちの声は傾聴されることが難しい状況にある。家庭の貧困格差や児童虐待はコロナ禍において量的には紹介され議論し取り上げられても、その渦中にある親も子どもたちも脆弱な真実の声は十分に聴きとられていない状況である。代弁を誰ができる

のか、子どもたちが育ち学ぶ権利の保障のために、真摯に立ち向かうことが問われている。

　また我が国の状況では、モス教授が批判する「品質」としての質を論じることが問題でありよくないのかといえば、その議論も日本の現状では未だ大切なことと、私個人は考える。質を超えるには超えるべき質基準が妥当に存在することが前提である。しかし、その質基準を改めて問うことさえも日本は必要な現状である。認可のための最低基準は昭和23年以来施設面積基準等が引き上げられることなく、むしろ基準を崩す多様な形態の施設基準が作られることに抗する声はすくい取られていない。国によっては、戸外環境、室内の騒音や保育者一人当たりの人数を幼児クラスでも決めるなど多種の基準やガイドラインがあることで、子どもの育つ環境が守られている。また、近年の幼児教育の無償化においても、公の教育を提供するためには子どもたちのために場や教材・素材など一定の質の保障は必要である。しかし、認可を満たす保育所や幼稚園、認定こども園だけではなく、認可外施設、さらに地域における多様な集団活動を行う施設も無償化し資金提供すべきという政治的意見もあったために、すべての無償化となっている。この点で、日本には独自の課題状況がある。

　また一方で考えなければならないことは、質の高い保育といわれるレッジョ・エミリア市から生まれたレッジョアプローチや「ドキュメンテーション」等の概念の移入が、教育・保育産業やマスコミ・出版業とつながり、保育系雑誌等で支配的な言説として取り上げられ流行となっていることである。源の哲学

や歴史・思想の真髄を十分に理解する前に、デジタルカメラ等の普及と相まって、一つの商品的価値を持ったものとして安易なノウハウの技術的言説も流布している。

　モス教授が指摘している点で私が要と考えるのは、「支配的言説　対　対抗言説」は、あれかこれかではなく、もう一つのストーリーは多様であり、各地域の文脈に埋め込まれて生成されるものとの主張である。モス教授自身が「重要なことは、支配的言説を別の言説に置き換えてしまう主張ではない」と述べている。またそれに加えて、支配的言説を当たり前として疑う余地のないものとして受け入れることに、警鐘を鳴らし、その危険性を指摘している。支配的言説による支配と統制に抵抗し対抗していくためには、理論や哲学を持つことが必要であり、理論をもとに問い続けることであると述べている点こそ

が、モス教授の指摘から学びたい点である。補足するなら、ここでいう「理論や哲学」は、権威的学者の唱える理論の意味ではない。まさに「実践の中の理論」、実践者が日々大事に有してきた保育実践哲学であると私は考えている。現在当たり前とされる規律や流行する言説がもつ力に対して、実践者がみずみずしい感受性と理性を失うことなく持ち続け、目の前の子どもたちのために、理論に反することには毅然として抵抗すること、その緊張関係を生きることを引き受けることが、自らを新たな物語りへ参画する活動の主体として位置づけることになるのである。抵抗や緊張関係という言葉の使用に、読者の中には、否定的な響きを感じる人もおられるだろう。「質」に関して、日本では「質実剛健」という語がある。この語の「質」の意味は、辞書等によると「質素、温和で従順、飾り気がない」など

の意味がある。しかし、これからの複雑な社会を生きる子どもたちを育てる私たちは、保育者や子どもたちが従順簡素に価値を置くだけでなく、実践の中で直面するジレンマを問いながら生き、慎ましく穏やかな暮らしの中でも、多様で豊かな可能性を開くために探究することが求められているといえる。

クランデイニン（2006）は、教育の当事者は、支配的な表向きのストーリー（cover story）を立てながらも、自分のストーリーを「秘密のストーリー」として隠して保持し、それを生きるうえでの「支えのストーリー」としている点を示している。何を物語るかは、保育者や園、子ども、保護者、地域のアイデンティティ形成と関連する。私たちが問うべき物語りは、各自各園各地域で共に生きる上での支えとなるストーリーとその共有とも言える。

私たちは園という場を、どのような場として考えているだろうか。子どもたちを集団で保育するための施設であり、就学前施設、すなわち小学校に行く前に子どもが行く場と捉えているかもしれない。モス教授は、園は「市民社会における公的な広場であり、子どもと大人はともに、社会的、文化的、政治的、経済的な意味のプロジェクトに参加する場」として、出会いの経験が生まれる広場と意味を与えている。このような新たな意味を与えてみるならば、どのような場にこれから園がなりうるのかという園のイメージや価値づけも変わるであろう。そしてそこでの「大人とは一体誰が含まれているのか、プロジェクトの参加とは、何にどのように参加することを具体的に意味するか」を問うことで、多様な可能性が考えられる。日本全国ですでに取り組まれている数多くの実践の中には、新たなプロジェクトやその参加の共通性や展望も自然と見えてくるはずである。存在しながらも見えなかったことがら、表向きの語りでは語られなかった支えの物語りが、わずかな偶発的出来事が始まりであったとしても、見える化され、語られ聴き取られることで、新たな出会いの連鎖が各園各地、そして全国で生成されていくだろう。

　また、モス教授は、最近の共著論文(Benn et als.,2019)で、「公教育」とは何を意味するのかを、米国第十六代大統領エイブラハム・リンカーンの「公教育(public education)は、公の(of)教育であり、公による(by)、公のための(for)教育である」という語を引用し説いている。「公の教育」とは、生涯にわたる、誰も排除しないインクルーシブな(包摂性ある)教育であ

るとしている。そして「公による教育」とは、それぞれが「うちの子」のための教育という私事化した教育を超えて、互恵的に連帯関与する教育を意味し、「公のための教育」とは、共通のwell-beingを促す公利公益のための教育であると論じている。2019年秋からわが国でも幼児教育の無償化が公費によって始まった。園の施設運営形態が公立か私立や民営かが問題ではなく、どの園も等しく公教育、公共のための保育とは何かを問うことがもとめられる時期に来ている。その意味でも、新たな物語りの生成がいま私たち一人ひとりに問われている。

3 経験の質探究のコミュニティ

「保育の新たな物語り」は、完成した作品としての「物語」ではなく、私たちが物語り的な探究を継続し、終わりのない物語りあう関係を園を中心に地域で形成することを意味している。

「保育の質」を問うという時に、私は保育とはどのような営みか、私の、私たちの保育の「本質」として欠かせないものは何かを、園に生きる人々、園にかかわる人々が共に関与参加しながら対話し、そこで生成された出来事を享受し、その意味や本質、不可欠なことは何かを探究することが、保育の質を問うプロセスであり、保育プロセスの質につながると考えている。

日本語で「質」を用いた語として、「品質」以外に「性質」や「特質」といった言葉もある。そこで使用されている「質」は「たち」とも訓読みでは読み、本来的に持っている特徴や性格を意味している。各園には各園の、各保育者には各保育者の持っている独自の「たち」としての質やよさがある。それを見出して

いくことが、園の保育の質の意味を考えることにつながるのではないだろうか。かけがえのなさとしての卓越性、特質ということができる。

　近年では、医療や福祉等の分野でも、客観的な質を外部からの指標で捉えるだけではなく、構造の質とプロセスの質は当然のこととして、さらにそこから関与する人たちにとって喜びや満足がどのように得られたのか、そこの場にしかない独自の価値は何かが問われてきている。その意味でも、子どもたちや園に関与する人々の経験の質が問われている。

　では経験の質とは何なのか。私はそれを、リューベン大学のラーバース教授の理論から「今ここ」において、居場所感・安心感があり、夢中没頭できるという内面の状況と遊びこむ姿を「質」として論じてきた。しかしその経験の質保障には、三次元

の素地が必要である。

　ジョン・デューイに影響を受けたクランデイニンの著作を和訳した田中昌弥は、経験の質としての三次元を次のように挙げている。過去・現在・未来の時間的な連続性がどのようにつながっているのかという第一次元、個人的なことと社会的なことの相互作用がどのようにかかわりあっているかという第二次元、そして特定の具体的な状況を示す「場（situation）」のあり方の第三次元。その三次元の中で経験がどのように構成されたかを出来事として、物語的（ナラティブ）に探究することが、経験の質を問うことと言える（田中, 2011）。子どもたちの出会いの経験、保育者自身、職員や地域の人との協働の中で生まれる経験などを、園での終わりのない経験の物語りとして紡ぎだし共有していくことが大事ではないかと思う。

　この三次元をもとに私なりに考えてみると、第一次元と関連し、カリキュラムが重要になる。モス教授（2019）は、園のカリキュラムが、計画カリキュラムに対して、子どもの活動から創発された（emergent curriculum）カリキュラムを柔軟に実現していくダイナミズムをもう一つの物語りの大事な面と論じている。欧米ではプロジェクト活動が重視され、日本でも行われるようにもなってきている。教育課程、全体的な保育計画という計画がいつどのようになされ、「計画し意図されたカリキュラム」がいかに実践において実施されるか、子どもの意思や活動の連続性がそこにおいてどのように保障されて「実施されたカリキュラム」が生まれ、それが主体であるそれぞれの子どもたちにとってどのように経験されたかという「経験のカリ

キュラム」を記録し、振り返り見通しを立てることが連続性として大切になる。日本の独自性に、運動会などの園行事や秋祭りなど季節の地域行事を含む活動を行う文化がある。子どもの経験の連続性とは関係ないイベントとして行う園もある一方で、日々の遊びを発展させ行事につなげていくこと、行事後にも発展した遊びや活動になっていくことが行われている。そして、コロナ禍で新たな見直しと活動の本質を問う試みも始まっている。

　また計画したプログラムをそのまま実施するのではなく、プ

ロジェクト的発展形態を日本が可能としているのは、国のカリキュラムである幼稚園教育要領や保育所保育指針等が大綱化しており、地域や園の状況に応じて保育ができるよう自立性や自由度、柔軟性を認めていることがその礎にある。またカリキュラムを編成する五領域自体が、欧米のカリキュラムのようにどのような能力を育成するのかで編成し、その育ちを測定するという発想ではない。領域「環境」等に象徴的だが、どのような経験を卒園までに保障するのかという経験内容でカリキュラムが構成され、その内容に対し子どもの心情や姿の現れを捉

えようとする東アジアの固有の課程思想に裏打ちされたものである。

　また第二次元と関連して、子どもの経験がどのように社会や文化と出会っているかということがある。地域社会とどのような接点を誰が作り、それをどのように連続的にしていくのかということが問われる。自分の担当やクラスを保育するだけではなく、どのようにクラスや担当保育者を超えた出会いの経験を子どもがするのかにより経験の幅は異なる。異年齢保育やチーム保育もあれば、異年齢異クラスの保育士同士が、相談・協働・連携していく保育も生まれている。たとえば、0歳児クラスの保育者が年度末頃、1歳児クラスではどうしているかなどを聞き取って応答的に実践し、保護者にも掲示等を通して「1歳児の先生からはこんなことも聞きましたよ」と、次年齢クラスへのつながりを意識して連携する事例等もある。また、調理師や栄養士、看護師や養護教諭、事務職員など、多様な専門職がおられる。それらと子どもはどのように交わっているのかで子どもの経験は、同じ園内でも異なってくる。たとえば、調理師や栄養士と給食情報を共有することで、月の給食献立予定から、「この日には野菜の皮むきのお手伝いをするね」とか、「冬瓜という野菜を子どもは丸ごとでは家でみたことがないから調理する前に洗わせてね」など連携をとることで、これまではなかった経験が子どもたちにできたりということもある。命ある物を食す経験としてどのような経験を保障するか。それは、SDGsや持続可能な地球環境の在り方につながる根だが、そこにも豊かな取り組みが生まれている。

また事務担当の方を置いている園でもその方の業務に地域との連携や街づくりも加え、コミュニティ・コーディネーター(CC)という名称を付与することで、園の中に新たな専門性と価値や意味が生まれていく事例がある(秋田他, 2020)。「＊＊士」という資格認定の講座は世の中によくある。しかしそうした資格主義ではなく、園内外で子どもを中心とした街づくりに参画できる人がつなぎ手として行っていく発想が大事な点である。そしてそこにおいて地域にある真正の文化を園の中にということも重要である一方で、CCや街の人々がつながり、また子どもたちの発想もいれてお祭りやさまざまな活動が生まれていくことで、園にかかわる子どもや大人の探究が新たに生まれていっている。

　また第三の軸とも関連してその地域、そこの場でしかない経験の保障がある。地域商店の人や高齢者、アーティストはじめ様々な専門家の方等、その地域ならではの絆が生まれ、社会との経験が広がっていく取り組みが生まれている。地域のアーティストとの協働から講師で来てくれた人から教わり地域の文化が伝承されるだけでなく、そこから生まれる探究によって子どもと共に新たな地域のアート文化が生み出されている姿を見ることができる。また、待機児童の人口集中地域の物語りだけではなく、人口減少地域においても、子どもたちがその地域ならではの文化的活動に出会い、その文化的活動が遊びに取り込まれ、さらに地域の大人を巻き込んで新たな地域文化の創造者に子どもがなっていく姿が生まれている。長期間のプロジェクトにより、地域の本物の文化探究が深く行われ、そこに

子どもが地域の文化生成の担い手の一人となっていく姿をみることができる。こうした活動は、いま日本の様々なところで、ネットワークとなって数多く繰り広げられている。そこには、その地域にしかない園における多様な連携の物語り、子どももまた主体となって共に取り組む活動がある。

　また各園単位の取り組みだけではなく、各地域でも自治体から生まれた研修のネットワークや園の専門職団体による知恵の共有が数限りなく探究のコミュニティとして生まれている。そしてそこでは、子どもたちの経験の質を捉えた記録がなされ

共有されてきた。日本では歴史的に、保育実践記録を書き、読み合い、省察する文化が深く長く根付いてきている。戦前からの保育問題研究会の実践の記録と研修の伝統（松本、2003）、津守真たちがお茶の水大学附属幼稚園で論じた記録論（1974）等がある。記録を同僚や保護者と共有し、子どもが育つ喜びや保育が本来持つ仕事の手ごたえや本質を享受し合う文化が根づいている。

　ピーター・モス教授がもう一つの物語りの重要な点として指摘しているのが、「評価（evaluate）」の捉え方である。外部か

らのものさしで値を与える評価への抵抗として、一人ひとりの経験の物語りを記録し対話するツールをドキュメンテーションとしてモス教授は指摘している。「価値づけ（valuation）」には、見積もり（estimate）として値を付与する評価と、個人的情緒的に大事に尊敬する享受（enjoy）としての評価があると、デューイは述べた（Dewey,1939）。

　国では園の学校評価の仕組みや保育所の自己評価ガイドラインが出され、国や各地域には幼児教育センターが創設され、政策に沿った評価の導入が進んでいる。私はそれは重要なことと思っている。しかしその時に、私たちはそれを鵜呑みにするのか、各園各地域の過去・現在・未来への連続性を踏まえ、新たな物語りを探究する主体としてどのようにつながり合えるのかを自律的に問うのかが、未来への子どもに向けられた希望における分岐点となるだろう。各園が各地域において新たな価値を生み出し、豊饒な経験の深いつながりが生まれる真の公共の広場になり、園に多様な経験の物語りがとどまることなく生まれ育ちを味わい享受する中に、日本の保育の未来は拓かれていくのではないだろうか。

引用文献

Moss, P. 2019 Alternative Narratives in Early Childhood. London and New York. Routedge

グニラ・ダールベリ、ピーター・モス、アラン・ペンス著、浅井幸子監訳『「保育の質」を越えて』ミネルヴァ書房、印刷中）

Clandinin. et als.2006 Composing diverse identities: Narratives inquiries into the interwoven lives of children and teachers. Routledge.

Benn, M.,Fielding, M. ' Moss, P. 2019 For a new public education in an new public school.Forum,61(2),147-156.

田仲昌弥　2011教育学研究の方法論としてのナラティブ的探究の可能性．教

育学研究 78(4), 411-422.

秋田喜代美(企画監修)2020『子どもとつくる「園とまち」：コミュニテイコーデイネーターの奮闘』児童教育振興財団DVDライブラリ

Dewey,J. 1939 Theory of Valuation. In J.A. Boydston(Ed.) John Dewey. The Later Work.1925-1952,.Southern Illinois University Press.

津守真, 本田和子, 松井とし1974『人間現象としての保育研究』光生館

松本園子編著2003『昭和戦中期の保育問題研究会―保育者と研究者の共同軌跡』1936-1943 新読書社

おわりに

　新型コロナは、私たちの社会に大きな影響を及ぼし、感染症予防としての三密回避等の中で私たちは否が応でも保育のあり方を問うことを余儀なくされてきている。また緊急事態宣言やまん延防止重点措置が社会における経済を直撃し、最も脆弱な家庭を苦しめている。格差は大きくなるばかりである。1920年代の世界大恐慌時の子どもたちへの影響をその後40年間にわたって長期縦断研究したグレン・エルダーの著書『大恐慌の子どもたち』※によれば、当時児童期・思春期だった子どもたちよりも乳幼児期だった子どもたちのその後の人生への影響が大きいと論じられている。このコロナ禍での子どもたちへの影響が地域の社会文化的支援により少しでも軽減緩和されるようにと祈るばかりである。

　そしてそのために、多くの保育者が困難な中でも保育に心を砕き、研修や研究を続けてこられた。研修はオンラインになったがそれは一方で園や地域の枠を超えてさまざまな人との語らいを可能とした。本書に収められている事例の中には、オンラインでの研究会や公開保育等、様々な実践者の知恵から学んだことによって、原稿にさせていただいたことも数多くある。20年前から始めた月1回の保育研究会「KS研究会」もすでに184回となりオンラインとなったことで、海外からの方も全国各地からの声も聴くことができるようになった。KS研究会は、公立（K）も私立（S）も共に施設制度の壁を越えて互恵的

に学び合いたいという願いで始まったが、今は施設類型の壁を超えた研修は実際に各自治体でも実施されるようになっている。本書に掲載した事例等の中にも、そうした中で学ばせていただいたものも含まれている。各園名は記載していないが学ばせていただいた園や様々な研究会の皆様にも心からの感謝を述べたい。

オンライン環境はさらに発展するだろう。オンライン保育なる言葉も生まれた。しかし保育の場はまさに生身の人間の対面の場での直接経験の中でしか成立しえない。その場の記憶が子どもたちの過去と未来をつなぎ明日へと拓く場となる。子どもたちの可能性を拓く協働探究の歩みは各園で、各研修会や研究会の場ではネットワーク化が進んできている。ネットワーク化はよいものの共有と同時にそれぞれの卓越性、独自性の尊重によって学びを深めることが可能となる。誰もが参画し互恵的に学び合い笑顔あふれる未来への可能性をこれからも共に考えて歩み続けたい。日本教育新聞の連載に伴走をしてくださっている渡部秀則様、また第二部の原稿転載を認めてくださった関係者各位、そしてこの本作りに関わってくださったひかりのくにの関係者の皆様にも心からの謝意を述べたい。

秋田 喜代美

※　グレン・H・エルダー（著）本田時雄　他（訳）『大恐慌の子どもたち―社会変動と人間発達』明石書店　1997年

初出掲載誌一覧

●著者紹介

秋田 喜代美 （あきた きよみ）

学習院大学文学部教授。東京大学名誉教授。
東京大学大学院教育学研究科博士課程単位取得退学。博士（教育学）。
東京大学教育学部助手、立教大学文学部助教授、1999年から22年間
東京大学大学院教育学研究科勤務。2019-2021年東京大学大学院
教育学研究科長、教育学部長。2021年4月より現職。第7代・9代
日本保育学会会長。

〈主な著書〉
『保育の心もち』シリーズ（ひかりのくに）。『園庭を豊かな育ちの場
に：質向上のためのヒントと事例（共著 ひかりのくに こども環境学
会2019年度論文著作賞受賞）、『保育の質を高めるドキュメンテー
ション：園の物語りの探究』（編著 中央法規）『保育をひらく「コミュ
ニティコーディネーター」の視点』（編著 フレーベル館）等多数。

●写真 亀ヶ谷 忠宏 ㊫亀ヶ谷学園　宮前幼稚園　理事長
本誌掲載の写真は園の了解を得て掲載しています。

保育の心もち 2.0　～新たな窓をひらく～

2021 年 10 月　初版発行

著　者　秋田　喜代美
発行者　岡本　功
発行所　ひかりのくに株式会社
〒543-0001　大阪市天王寺区上本町 3-2-14　　郵便振替 00920-2-118855
〒175-0082　東京都板橋区高島平 6-1-1　　　　郵便振替 00150-0-30666
ホームページアドレス　https://www.hikarinokuni.co.jp
印刷所　図書印刷株式会社